安徽文化旅游丛书

江淮行

皖人

100

Anhui Wenhua Lüyou Congshu
Jianghuaixing

Wan Ren

安徽省文化和旅游厅 • 编

黄山书社

《安徽文化旅游丛书·江淮行·皖人》

编委会

前言

安徽位于中国中东部，面积 14 万平方千米，其名字取自清代安庆府与徽州府首字。安徽是一片神奇而美丽的土地。一个“徽”字，集山水人文于一身，是安徽形象的生动描绘，是安徽旅游的真实写照。山有黄山、九华山、天柱山三山挺立，天堂寨、白马尖、齐云山钟灵毓秀；水有 800 里长江、800 里淮河、800 平方千米巢湖绵延交错，大小湖泊润如碧玉，幽谷深潭飞流跌宕；人有老子、庄子、曹操、华佗、周瑜、朱元璋、陈独秀、胡适、邓稼先等，他们引领时代，照亮时空；文有徽文化博大精深，徽派建筑和谐典雅，徽戏被称为“京剧之源”，徽菜闻名天下，徽商诚实守信，文房四宝描绘传奇。

为全面展现安徽丰富的山、水、人、文资源，在安徽省人民政府杨光荣副省长的策划和指导下，安徽省文化和旅游厅组织编写了《安徽文化旅游丛书·江淮行》，分《皖山》《皖水》《皖人》《皖文》4 册，各精选 100 个名目，共计 100 多万字，图片 1000 多幅，是首部系统介绍安徽山水人文的旅游丛书。全省 30 多位作家、40 多位摄影家参与编写，其间数易其稿，既集中展示了安徽的名山胜水、璀璨人文、风土民俗，又以全新的视角去解读那些共生共荣的自然之美、相依相存的人文之美，并深入挖掘诸多藏在深山人未识的绝美风光。它们犹如深山璞玉，徜徉其间，让人不禁发出“长恨春归无觅处，不知转入此中来”的感叹。

杨光荣副省长是丛书的创意者，他亲自设计丛书总体框架、分册纲目，把关行文特色、标题类别，审改版式编排、样书文稿，始终关心出版进程，倾注了大量精力和心血。省政府副秘书长章石生多次组织召开大纲审稿会，协调解决编写过程中的问题。省文化和旅游厅厅长袁华、时任省旅游发展委员会主任万以学精心指导丛书编写。省政府办公厅、原省旅游发展委员会、省文化和旅游厅相关同志承担了许多具体工作。项纯文、钱念孙、朱贵平、翁飞、戴健、徐子芳、孙叙伦、邓修全等30多位专家学者参与审稿。省委党史研究院、省水利厅、省文史研究馆、省政协文史委等单位倾力支持，相关市县积极协助，提供素材，在此一并表示感谢！

改革开放以来，特别是近年来，在安徽省委、省政府正确领导下，安徽文化旅游实现长足发展，“文化皖军”品牌愈发响亮，旅游产业迈入全国第一方阵。随着文化和旅游深度融合，“诗和远方”牵手相伴，安徽深厚的文化底蕴与丰富的旅游资源，必将催生更多更加灿烂美丽的花朵。

安徽是美丽中国的浓缩版、文化中国的精粹版、生态中国的体验版。江淮行，是赏心悦目、心旷神怡的自然山水之行，是品味文化、震撼心灵的历史人文之行。《安徽文化旅游丛书·江淮行》的出版，将成为了解安徽的资料书、畅游安徽的导引书、品读安徽的典藏书。

美好安徽，迎客天下！热忱欢迎海内外朋友来安徽，品味读山问水的神奇诗韵，感受徽风皖韵的独特魅力！

《安徽文化旅游丛书·江淮行》编委会

2019年5月

皖人

目录

先哲先贤

1 皋陶：司法鼻祖 …002

2 老子：道家学派创始人 …004

3 庄子：独与天地精神往来 …007

4 文翁：创办公学第一人 …010

5 桓谭：博学多通著《新论》 …012

6 陈抟：抱道山中扶摇子 …014

7 朱熹：宋代理学集大成者 …016

8 憨山德清："三教同源"一高僧 …019

9 方以智：穷理极物成智者 …021

10 戴震：皖派朴学集大成者 …023
11 孙家鼐：京师大学堂创办人 …026
12 吴汝纶：学贯东西的教育家 …030
13 胡适：新文化运动先驱 …032
14 陶行知：伟大的人民教育家 …035
15 赵朴初：爱国宗教领袖 …037

风云人物

16 姜子牙：文王访贤渭水旁 …042
17 管仲：华夏第一相 …045
18 孙叔敖：治水、治国、治军贤相 …048
19 甘罗：年少拜相 …050
20 曹操父子：文韬武略傲千古 …052
21 包拯：铁面无私“包青天” …057
22 朱元璋：布衣天子 …061
23 左光斗：明朝“铁面御史” …064
24 张英、张廷玉：父子宰相 …067
25 李鸿章：大清国的“裱糊匠” …071
26 段祺瑞：皖系军阀首领 …074
27 柏文蔚：民主革命先驱者 …076
28 陈独秀：中国共产党主要创始人 …079

29 王步文：中共安徽省委首任书记 …082

30 王稼祥：中共早期卓越领导人 …084

百战将星

31 范增：“亚父”级的谋士 …088

32 张良：汉朝开国元勋 …091

33 周瑜：东吴大都督 …093

34 花木兰：代父从军 …096

35 常遇春：急先锋“常十万” …098

36 胡宗宪、戚继光：抗倭功臣 …100

37 张树声、刘秉璋、吴长庆：淮军将领…104

38 刘铭传：台湾首任巡抚 …108

39 许继慎：中国工农红军早期杰出将领 …111

40 洪学智：两膺上将 …113

41 冯玉祥、张治中、李克农：巢湖三上将 …115

42 卫立煌、孙立人、戴安澜：中国远征三将军 …120

商海翘楚

43 张小泉：剪刀名天下 …126
44 王致和：臭豆腐香飘万家 …128
45 江春：“扬州八大总商”之首 …130
46 胡天注：“胡开文”墨业创始人 …132
47 王茂荫：《资本论》唯一提及的中国人 …134
48 胡兆祥：创办“胡玉美” …136
49 胡雪岩：红顶商人 …138
50 周馥：洋务运动的操盘手 …141

科坛星耀

51 华佗：一代神医 …146
52 王蕃：三国时期天文学家 …149
53 汪机：新安医学奠基人 …151
54 程大位：珠算一代宗师 …153
55 胡正言：出版印刷革新家 …155
56 元亨兄弟：兽医双圣 …157

57 王贞仪：谁言女儿不英雄 …159

58 郑复光：制造第一台测天镜 …161

59 郑大章：中国放射化学的先驱 …163

60 任新民："点亮"太空征途 …165

61 叶笃正：中国气象学泰斗 …168

62 慈云桂：巨型计算机之父 …171

63 邓稼先："两弹"元勋 …173

64 程开甲："中国核司令" …175

65 杨振宁：诺贝尔物理学奖获得者 …177

艺苑芬芳

66 刘安：博极古今《淮南子》 …180

67 大乔、小乔：秋水并蒂开芙蓉 …182

68 嵇康：竹林七贤的精神领袖 …185

69 周兴嗣：一夜白发撰《千字文》 …187

70 张籍、张孝祥、张即之：和州三张 …189

71 杜荀鹤：晚唐现实主义诗人 …193

72 梅尧臣、梅清、梅文鼎：宣城"梅花"遍地开 …195

73 李公麟：宋画第一人 …200

74 郑之珍：目连戏集大成者 …203

75 萧云从：姑孰画派创始人 …205

76 渐江：新安画派巨擘 …207

77 邓石如：一代书法宗师 …210

78 包世臣：书论大家 …213

79 程长庚：京剧鼻祖 …215

80 戴名世：清风不识《南山集》 …217

81 方苞、刘大櫆、姚鼐：桐城派三祖 …219

82 吴敬梓：笔绘儒林万千态 …225

83 姚莹：文武兼修写《康輶纪行》 …227

84 吕碧城：现代女子教育先驱 …229

85 黄宾虹、张翰飞、汪采白：新安三雄 …231

86 刘文典：安徽大学首任校长 …236

87 萧龙士：开创江淮大写意 …238

88 张恨水：章回小说大家 …240

89 邓以蛰、朱光潜、宗白华：三大美学家 …243

90 苏雪林：文坛“常青树” …247

91 林散之：当代书法草圣 …249

92 蒋光慈：革命文学先驱 …251

93 韦素园、台静农、李霁野、韦丛芜：

未名四杰 …253

94 刘开渠：现代雕塑事业奠基人 …257

95 吴玉如、吴组缃、吴作人：茂林三吴 …259

96 张曙：革命音乐家 …264

97 舒绣文：著名电影表演艺术家 …266

98 鲁彦周：为文坛塑“天云山” …268

99 严凤英：黄梅戏一代宗师 …271

100 汪静之、朱湘、田间、海子：现代诗人

…274

先哲先贤

安徽，人杰地灵。这里很早就有人类生活，是华夏文明的重要发源地之一。自远古以来，先哲先贤们就在这片土地上留下了坚实的步履。

先秦时期，以老子、庄子等为代表的一批先哲们思考着生命与宇宙的奥秘，开启了智慧的光芒。此后，历代不乏思想与文化大家，他们的文章、学说影响深远。回望历史星空，哲人光芒不只在于提出卓见，更在于守护真理。他们像一颗颗闪亮的星星，光照人间。

❶ 皋陶：司法鼻祖

人物档案：

皋陶（生于公元前21世纪），东夷少昊之后。他辅佐夏禹理政、治水和发展生产，并为夷夏融合和后来中华民族的形成作出巨大贡献。皋陶与尧、舜、禹齐名，被后人尊为“上古四圣”。

皋陶画像

六安城东有一座皋陶墓，为省级重点文物保护单位，吸引了无数法律界人士前来瞻仰。皋陶墓为圆形土冢，墓顶平面直径4米，上有黄连木一棵，形同华盖，墓前有清同治时期安徽布政使吴坤修手书“古皋陶墓”碑刻。唐代诗人皮日休和宋代大文豪欧阳修、苏轼等都曾为皋陶墓赋诗、撰文。

皋陶是上古时期著名的政治家、思想家、教育家，被史学界和司法界公认为中国司法鼻祖。关于他的故事在六安地区代代相传。相传，在帝尧时代，一个叫皋陶的村子里，有一位美丽又善良的女子叫女修。有一天她吃了一个巨大的玄鸟蛋后，生下了皋陶。这反映了人们对皋陶的崇拜。

皋陶为人正直，看问题办事都从事情本身出发，不带任何感情色彩，秉求公正。鲧治水失败后，该如何处理，大家意见不一，有人认为鲧没有功劳也有苦劳，主张放了他。皋陶却主张处罚鲧，他认为在治理洪水的过程中，鲧失败的主要原因是刚愎自用、一意孤行。

听了皋陶的一番话，舜将鲧流放到羽山。鲧后悔不已，告诉儿子禹不要重蹈覆辙，而后跳渊而死。鲧死后，没有人主动承担治水任务，皋陶推荐了有治水经验的大禹。大禹治水时，皋陶全力协助他考察，出谋划策，立下了不朽的功劳。

皋陶墓

随着治水成功，皋陶又协助大禹发展生产。当时是我国由原始社会向阶级社会过渡的最后阶段，正处于文明时代的“门槛”，部落林立，信仰、习俗不一。皋陶认为需要法律，便制定了《狱典》，刻在树皮上。大禹觉得很好，让他去实施。

皋陶对法理的精通程度和独特见解，影响了后世。作为司法者，皋陶认为对于行为过激或者犯有罪行的人要进行教育改造，如果一丝悔意都没有，就需要惩罚；对于不是故意犯下罪行的，应该从宽处理。他还主张不要牵连罪犯子孙。到今天，他这些思想还在应用。

皋陶提倡“德治”，将道德与法律结合，并且教导君主要爱护百姓，多听听百姓的心声。大禹继位后，想造华丽的宫殿，皋陶立即劝阻，告诉他要以德行服人，实行德政。他强调君主大臣要修身，有个人主见，那些德才兼备的人才能臣服。皋陶又为大禹宣扬美德，树立大禹治水英雄的形象，政治得以安定，出现了盛世。

经过倡导并施行，“皋陶文化”逐渐建立，一直到今天还发挥着德化作用。它的内容概括起来主要是兴“五教”，即“父义、母慈、兄友、弟恭、子孝”；倡“五礼”，即“吉、凶、宾、军、嘉”；创“五刑”，即“甲兵、斧钺、刀锯、钻笮、鞭扑”，这是我国刑法之始。他强调执法公正，是当之无愧的司法鼻祖。

相传，因为皋陶过人的品德和功劳，大禹要让位给他。他未继位即去世，大禹便把英、六一带封给其后裔。唐玄宗以皋陶为李氏始祖，于天宝二年（743）追封他为“德明皇帝”。

合肥滨湖新区有安徽名人馆，汇聚了800多位安徽名人及特色文化风采，重点展示了皋陶、老子、庄子等100多位皖籍名人的生平与成就。

② 老子：道家学派创始人

人物档案：

老子（约前571—前471），姓李，名耳，字聃，宋国相（今安徽涡阳）人。伟大的思想家、哲学家、文学家，道家学派创始人。代表作有《道德经》（又称《老子》）。

老子画像

涡阳地处淮北平原腹地，被誉为“老子故里，天下道源”。这里有道教祖庭天静宫、道源国家湿地公园以及红城子遗址、东太清宫、尹喜墓、嵇康墓、范蠡墓等文物景点。其中，老子相关遗存吸引了众多中外游客前来寻源问道。

“上善若水，水善利万物而不争，处众人之所恶，故几于道。”“信言不美，美言不信。善者不辩，辩者不善。知者不博，博者不知。”老子的这些哲学思想一直慰藉着我们的心灵，给我们带来了智慧的源泉，对我国2000多年来思想与文化产生了深远影响。

公元前571年夏天，宋国与楚国发生战争。宋军主将老佐率兵围攻彭城，他身先士卒，英勇威武，使得宋军士气大振。楚军主将纠集了一支敢死队伍，出城门直奔老佐而去。在楚军夹击之下，老佐血战而死。

老佐夫人在家将的护卫下赶紧撤离军营。她心中焦虑，身体疲劳，以致早产，生下一名男孩，他体格很弱，但头大，眉毛很宽，目光深邃，尤其是耳朵很大，夫人便为他起名为“聃”，小名小狸儿，即“小老虎”之意。江淮地区“狸儿”音同“李耳”，久而久之，老聃小名便成为大名“李耳”，代代相传下来。后世尊称他为老子，中国人喜欢说“老子天下第一”。

老子从小就聪明好学，常常听母亲讲故事，跟她识字读书。他喜爱思考，稍大些便要母亲讲国家兴衰、战争成败、祭祀占卜、观星测象等方面的事情。老夫人望子成龙，专门请精通殷商礼乐的商容教他。

关于老子的书籍

时光易逝，转眼三年过去。商容向老夫人辞行：“我今天是来辞行的，不是李聃这孩子学习不勤奋，实在是我的知识都教完了。”

商容推荐老子去周朝都城洛邑。那里图书典籍十分丰富，有学问的人多，李聃去那学习肯定能成大器。

老子进入周朝太学学习，天文、地理、人伦，无所不学，文物、典章、史书，无所不习。

经过三年学习，老子学问大有长进。他进入守藏室。守藏室是周朝典籍收藏之所，天下文章、图书都集中在这里。老子如饥似渴地读书，在学问殿堂里，逐渐步入佳境，通礼乐之源，明道德之旨。

三年后，老子又升任守藏室史，也就是当上了掌管周朝图书的史官。大家都佩服他的学问，前来求师问学的人络绎不绝。

孔子听说老子很有学问，便由弟子南宫敬叔陪同，千里迢迢从鲁国而来，向老子问礼。

周王朝越来越衰败了，老子决定西游。经过函谷关时，长官尹喜十分敬仰老子，把他迎进关，并请教各种问题。他想让老子住下来，但老子不愿意。

“您是有大智慧的人，不愿留下来，写点东西可以吧？”尹喜央求道。

老子便留下来小住一段时间，将他思想智慧的结晶写在简牍上，一共写有

5000来字，取名《道德经》，上篇叫《道经》，下篇叫《德经》，分成81章。

别看只有5000多字，这可是一部惊天动地的伟大著作，其思想内容无比深刻。

涡阳天静宫，俗称老子庙，又名中太清宫，是纪念老子的圣地，始建于东汉延熹八年（165）。今天的天静宫占地200多公顷，以众多的殿堂为主体建筑群，如老君殿、三清殿、灵官殿、天师殿、重阳殿、财神殿、元辰殿、老祖殿、慈航殿、吕祖殿、东岳庙等，殿堂周围附带有长廊、绿化地、会仙桥等。

航拍涡阳天静宫

③ 庄子：独与天地精神往来

人物档案：

庄子（约前369—前286），姓庄，名周，字子休（一作子沐），蒙（今安徽蒙城）人。战国时期伟大的思想家、哲学家和文学家。道家学派主要创始人，与道家始祖老子并称“老庄”。代表作有《庄子》。

蒙城县地处淮北平原中部，它历史悠久，商朝时为汤都，称为北冢，西周时称为漆邑，公元前595年归属楚国，称楚北地为漆园。

蒙城县城北有庄子祠，始建于北宋元丰元年（1078），知县王竟创建于涡河北岸漆园城。现存庄子祠是蒙城县政府在宋代庄子祠旧址上新建的，总占地面积3.5公顷，全祠由祠堂建筑群与万树园两部分组成，主要建筑有大三门、影壁、山门、逍遥堂、古衡门、濮池、五笑亭、观台、观鱼桥、梦蝶楼、南华经阁等。

庄子塑像

走进这里，便能感知庄子的人生与思想。

庄周因为有才能，年轻时做了漆园吏。当时，梁惠

庄子祠

王、齐宣王都十分欣赏庄周的才华，想封他做官。庄周对做官不感兴趣，喜欢外出游历。

楚威王派使者带着千金厚礼，请他去做相国。庄周笑着对使者说：“我宁愿像乌龟一样在泥塘里自寻快乐，在淡泊中无为度日，也不愿受一国之君的约束，为一些琐事浪费生命，这个漆园吏也不愿做了。”

庄周果然辞去了漆园吏。不久，生活没有保障了，他便靠编草鞋生活，虽然日子清苦，但觉得很快乐。

有一天，庄周做了一个梦，梦见自己变成蝴蝶，在大自然中飞舞，多么愉快和惬意啊！庄周突然间醒来，不知是自己在梦中变成了蝴蝶，还是蝴蝶在梦中变成了庄周。

他常常这样忘怀自我。

游历一番后，庄周开始用手中笔，写思考，写人生真境界。他不愿意板起面孔来教训世人，而以寓言的形式，让人们从中体会到一种逍遥自得的精神。

《逍遥游》《齐物论》《养生主》《人间世》《德充符》《大宗师》《应帝王》

七篇写完之后，庄周两鬓已添了不少银丝。他自嘲地对学生说：“劳心费神，著此七篇，而能了解其中真味的人，不知道能有多少？”

后来人们将庄周及他的门徒后学所写的文章汇集成《庄子》一书。唐玄宗天宝元年（742），尊之为《南华经》，封庄子为南华真人。

庄子的文章，描绘了多彩的思想世界和文学意境，是留给我们宝贵的精神财富。他追求独立自由人格和逍遥自适生命境界的精神，使中国文人在儒家“修身、齐家、治国、平天下”之外，有了另一种生命追求，从而在厄难面前不惊不乱，旷达自适。

正因为伟大的思想家、文学家老子、庄子，都诞生在淮河流域的亳州，这里已经形成了“道源问道”文化之旅。从亳州的道德中宫、天静宫、庄子祠、陈抟庙，到淮南的茅仙洞、八公山，一路行程 190 千米，可以充分领会老庄哲学与道家自然观的奥秘，品味中国传统文化之精髓。于是有人说，在这里抓起一把黄土，挥洒出去，落下的都是中华传统文化的闪光金片。

庄子祠一角

4 文翁：创办公学第一人

人物档案：

文翁（前187—前101），名党，字仲翁，庐江郡舒县（今庐江、舒城一带）人。西汉循吏、教育学家。汉景帝末年为蜀郡太守，在成都设学官，建“石室”，兴教育、选贤能、修水利，政绩卓著。

文翁塑像

望着满目青山，被任命为蜀郡太守的文翁感叹：“这里山清水秀，可惜文化没落啊！”原来，秦统一中国后，“焚书坑儒”，推行“以法为教，以吏为师”的愚民政策，扼杀了文化教育的发展。汉承“秦燔之余”，直到文景之世，统治效力实际上仅能达到中原地区，地处偏远的巴蜀与中原地区的经济和文化发展极不平衡。

汉景帝末年，文翁被景帝刘启派往成都。他看到这里教育十分落后，人们不爱读书，仿佛蛮夷一般，决心“治郡先治愚”，首先从发展教育入手，力争在任内把蜀郡变成有文化、有涵养的文明乐土。

春秋时代孔子是有名的教育家，在曲阜开坛讲学，那是私学。而由地方政府拨款，且面向平民招生，兴办官学的第一位教育家是文翁，这在中国历史上是划时代的。在成都市区，文翁用石头建造了一幢校舍，这就是中国的第一所公立学校——蜀郡郡学，文翁也就是中国历史上的“第一位校长”了。后人把这所学校称为“文翁石室”。据考证，文翁石室创立于公元前141年，距今已有2160年。

文翁石室第一“重师资”。文翁大力培养师资，派张叔等十余人，到京都深入研习儒家经典，学成归蜀，大都成为一代名师。第二“重学风”。不论学生的家庭贫富如何，只要聪明好学，有培养前途，均可入学，体现了“教育平等”。第三“重实践”。文翁每次到县巡视、考察，总是在学校里挑选一些经书读得好、品行端正的学生陪他一道去，让这些学生挨家挨户宣扬教化，在实践中锻炼才干。第四“重人才”。文翁用人“唯才”不“唯财”，只要有知识、有才能就委以重任。文翁还制定奖励政策，“入学者免除徭役，以成绩优良者补郡县吏”。

文翁石室还重视文学。这里走出了许多名流。文翁所授弟子司马相如“作赋甚弘丽温雅，雄心壮之”，以文辞显于世，游宦京师，受到诸侯、公卿、大人的称赞。后有王褒、严遵、扬雄等人文章冠于天下，都称颂文翁之功绩。班固在《汉书》中评论：“至今巴蜀好文雅，文翁之化也。”

经过文翁的不懈努力，各地相继办起了乡学，蜀郡文风大盛。原来华夏文风最盛的是齐郡，此时，“蜀地文风比于齐鲁”，人们便把齐与蜀并称为华夏的两大教化之邦。

“诸葛蜀人爱，文翁儒化成。”文翁的郡学开办17年后，汉武帝刘彻决定推广文太守的经验，下令全国效仿文翁兴办学校。史称文翁为“循吏第一”，是公学第一人。

四川人把文翁和李冰父子，并颂为“李冰治水，文翁化蜀”。成都人民为文翁立祠纪念，还有一条街道叫“文翁路”，“文翁石室”改名为“石室中学”。

在文翁老家庐江郡故里，大家不忘文翁，立祠祭祀。在今天的舒城，有文翁小学、文翁中学，世人以此缅怀他的业绩。

⑤ 桓谭：博学多通著《新论》

人物档案：

桓谭（前23年前后—56年前后，一说前40年前后—32年前后），字君山，沛国相（今淮北市相山区，一说濉溪）人。东汉哲学家、经学家、音乐家、天文学家。代表作有《新论》。

桓谭画像

淮北市桓谭路以南有一座公园，名叫桓谭公园，就是以两汉之交的大哲学家、经学家桓谭的名字命名的。公园设计的文化主题就是提炼桓谭哲学理论中"以烛火喻形神"的论点，让"烛火精神"代代传承。公园内还有桓谭湖、桓谭纪念馆。

"力排谶纬本非经，言直多因见理明。却憾临危无定守，仓皇叩地苦求生。"这是宋朝徐钧描写桓谭的诗。

桓谭字君山，他的父亲精通音乐，是汉成帝时的太乐令，掌管国家的祭祀及音乐事务。桓谭从小受父亲影响，擅长音乐，弹得一手好琴。每当宫廷举行宴会的时候，皇帝往往命他弹琴助兴。

桓谭很有学问，遍习五经，喜欢古学，常常与当时的大学问家刘歆、扬雄等人一起辨析疑义。他还喜欢歌舞杂戏，是一位很有才华的人。

刘秀当上皇帝，称光武帝，听说桓谭的大名，便召集他入朝。桓谭几次上书谈论国家大事，却不符合光武帝的胃口，因此没有得到任用。

大司空宋弘是一位很有权势的人物，他向光武帝推荐桓谭说："桓谭的学识与刘向、扬雄齐名，而在音乐方面远远地超出他们，是当今不可多得的人才。"光武帝便让他担任议郎、给事中。

桓谭为人耿直，不拘小节，不讨好逢迎，而且喜欢批评那些庸俗的读书人，因此大家都排挤他。桓谭对于官职也不热心，他喜爱的是音乐和哲学。他听到宫中雅乐老是那一套陈旧的调子，翻来覆去地演奏，便极力提倡音乐应当不断创新。他创作出许多优美、悦耳的新曲子，得到了光武帝的赞赏。

东汉初期谶纬之学盛行，迷信思想猖獗。光武帝也迷信图谶，就是迷信那些宣称能应验的预言的书籍，常用来决定疑惑难明的国事。桓谭是无神论者，曾用烛与火的关系比喻人的形与神的关系。他认为蜡烛点燃而有烛火，蜡烛烧尽，烛火就熄灭，人的精神与肉体的关系也是这样。他更是反对图谶，上书指出：图谶是惑众妖术……应明令取缔。光武帝很不高兴。

光武帝要建筑灵台，也就是古天文台，位置定在哪里，大臣们决定不下。光武帝决定根据图谶决定，他对桓谭说："灵台的地点，我打算用谶来决定，你看怎么样？"桓谭沉默了半天，才说："老臣愚昧，从来不读谶的。"接着，他就斥责谶纬荒诞不经。

光武帝听了勃然大怒，骂桓谭老朽狂妄，不遵圣法，下令推出去斩首。众人求饶，光武帝才赦他不死，贬他到六安郡（今六安北）做地方官。桓谭内心苦闷，病死在去六安赴任的路上。

桓谭著有《新论》，主旨是对儒家的天命观进行批驳。其中《琴道篇》包括琴论、琴史、琴曲介绍，对后世研究古琴艺术的发展有积极意义。

桓谭公园夕照

⑥ 陈抟：抱道山中扶摇子

人物档案：

陈抟（871—989），字图南，号扶摇子、希夷先生，被尊称为陈抟老祖，亳州真源县（今亳州市谯城区）人。易学家、道教学者、诗人。代表作有《无极图》《先天图》。

亳州市南郊陈庄有陈抟庙，由山门、碑亭、主殿、后殿及陈抟文化长廊组成。碑亭内立清光绪年间所刻“希夷故里”古碑一方。大殿内新塑希夷先生坐像，仙风道骨，飘逸睿智，令人肃然起敬。

这希夷先生便是民间流传的陈抟老祖。据传他是一位“睡仙”，长于睡功，活了118岁，堪称古代长寿传奇。

陈抟从小读经史百家，而且过目不忘，写的诗总是赢得别人赞赏。可是，他没有机会为朝廷重用，心灰意冷之下尽心研读《老子》。

陈抟塑像

他大半辈子隐居在华山，住的云台观是他自己搭的一间山庵。他渴了饮山涧清泉，饿了吃山上野果，过着离群索居的艰苦生活，却在这种环境下大彻大悟，保持自己纯真而高尚的本性，潜心学道。

唐明宗听闻陈抟的名声，派人持其御笔亲诏前往陈抟的道观宣其进宫。进宫之后，陈抟见到明宗不下跪长拜，仅仅作揖行礼。明宗想封他大官，可陈抟硬是不肯答应。

相传，陈抟修道很深，能预知未来。据说，有个叫郭沆的人，有一天住在云台观。陈抟半夜叫他赶快回家，郭沆犹疑不决；过了一会儿，陈抟又说："你可以不回去了。"第二天，郭沆回到家中，才知道他母亲在那天半夜突然得心痛病几乎死去，一顿饭的工夫又好了。

还有一个传说。宋朝开国皇帝赵匡胤在称帝前，寻访陈抟。他在山中见两老者在亭内下棋，自认为是下棋高手，便与其中一位老者对弈起来。

几局下来，赵匡胤输了，但他不服，与老者以输赢作赌，结果把带的东西都输掉了。他还要下，老者问道："还有什么可输？是准备再输山林天地？"

"对对，就输山！"赵匡胤输急了，信口开河道，"我若再输，就把这华山输给你！"

这一回，赵匡胤又输了。老者将赵匡胤输的财物全还给他，说道："依陈抟老道看来，先生有雄才大略，日后定能给百姓带来福音。"赵匡胤一愣，原来眼前这个仙风道骨的老者就是陈抟。后来，赵匡胤陈桥兵变，黄袍加身，成了宋朝开国皇帝，史称宋太祖。赵匡胤随后降旨免去华山所有田赋。这就是民间"华山不纳粮"的传说。

赵匡胤要给陈抟官做，他不干，而是潜心学术。他将《周易》卦爻变化的节序性、规律性的思想与《老子》自然无为的思想相结合，系统地构筑起人物生成及修炼还元的理论体系，对后世影响很大。

陈抟喜好读《易经》，手不释卷。他撰写了《指玄篇》，一共 81 章。此外，《易龙图》是陈抟对《河图》《洛书》的研究专著，这是易学研究的重要资料。他的《无极图》在道家学术史上有着重要意义。

7 朱熹：宋代理学集大成者

人物档案：

朱熹（1130—1200），字元晦，号晦庵，祖籍歙县，徽州府婺源人。宋朝著名的理学家、思想家、哲学家、教育家、诗人，儒学集大成者。代表作有《四书章句集注》《楚辞集注》《晦庵词》。

黟县西递胡氏宗祠敬爱堂几乎是每位游客必到之地，祠堂里有一个巨大的"孝"字，上半部，右为一个人拱手作揖、谦恭孝敬之样，左则为尖嘴猴腮的造型，寓意孝敬者为人、忤逆不孝者为畜。此字相传为理学家朱熹手书。此外，朱熹在作书序、跋和论著中，经常署名"新安朱熹"，表明对故土的眷恋。

南宋建炎四年（1130）农历九月十五日，尤溪县城一家郑氏馆舍里，朱松

敬爱堂，内有朱熹手书"孝"字

怀着喜悦之情等待妻子临盆。他的妻子祝氏同为徽州府歙县人。

朱熹画像

朱松老家在徽州婺源，再往前推溯，祖上居住于黄山屯溪东北的篁墩村，这里山清水秀，是徽州新安士族的发源地。朱松考取了进士，被朝廷任命为建州政和县尉，任期满了，准备回老家徽州，正好碰上睦州方腊起义，他便带着父亲朱森等人寄居下来，后来调任尤溪县尉，便临时居住在郑氏馆舍。

孩子出生了，是个男孩。朱松发现他右眼角隐约长有七颗黑痣，排列得像北斗七星，便给他取名朱熹。

朱松一有时间便教他读书识字。朱熹从小勤学好问，父亲的朋友都有学问，可是常常回答不了朱熹的问题。

朱熹长到13岁时，朱松病故。临终前，他把儿子托付给武夷山好友刘子羽。刘子羽把朱熹看得像自己的儿子，在自家屋旁为朱熹一家盖了房子，取名叫紫阳楼。

朱熹在紫阳楼里勤奋苦读，在父亲好友刘子翚、刘勉之、胡宪的影响下，醉心学佛。因此朱熹既热衷于道学，又对佛学有浓厚兴趣。

绍兴十八年（1148），朱熹考取进士。这年，他才19岁。绍兴二十三年，朱熹出任泉州同安主簿。这是帮助主官掌管文书的职务，虽然职务不高，但朱熹还是认认真真地办事。

这年，同安与晋江两县发生矛盾，引发百姓之间动刀枪打架。朱熹出面处理纠纷，他动之以情晓之以理，很快平息械斗。

流经徽州的新安江曾设立新安郡，宋朝时，出现的新安理学是中国思想史上曾产生过重大影响的学派。它的奠基人是程颢、程颐兄弟二人。理学，也叫道学，是宋朝时出现的新儒学，传承子思、孟子一派的心性儒学，尊周敦颐为鼻祖。它的出现，为抑制君权，让中国政治在宋明两朝走向平民化和民间参政议政提供了理论支持，是哲学思想的一次巨大飞越。

朱熹是新安理学的集大成者。为了推广自己的思想，他在武夷山下创建武夷

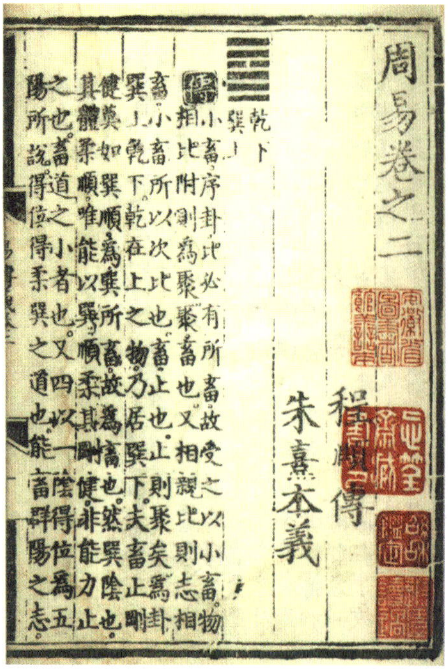

朱熹作品

精舍，广收门徒，聚众讲学。一时间，天下才俊都慕名前来学习。他还创办了白鹿洞书院、岳麓书院，以培养学生。

当时，还有一位大学问家陆九渊与朱熹在治学目标上基本一致，但属不同的学派。宋孝宗淳熙二年（1175），学者吕祖谦，邀请了朱熹和陆九渊、陆九龄兄弟等四五人在信州鹅湖寺（今江西铅山县境内）论道。这便是中国学术史上有名的“鹅湖之会”。

淳熙九年，朱熹将《大学章句》《中庸章句》《论语集注》《孟子集注》四书合刊，经学史上的“四书”之名这才第一次出现。这部《四书集注》是封建士子修身的准则，构成了朱熹的一个完整的理学思想体系。他提倡读书，认为穷理之要，必在读书；强调做人要忠孝节义，研究实物要格物穷理。

北宋大儒张载有“横渠四句”：“为天地立心，为生民立命，为往圣继绝学，为万世开太平”，言简意宏，一直被人们传颂。人们用它来赞颂朱熹。然而，朝廷出于政治考虑，对朱熹进行严厉地打压、禁锢，他的学说被列为“伪学”。

庆元六年（1200）春天，朱熹百病交加，左眼已瞎，右眼几乎完全失明，但他还在整理自己的作品。不久，71 岁的他在孤独、凄凉中与世长辞。

朱熹去世 9 年之后，朝廷为他平反，提倡学习《四书集注》，理学成为声势隆盛的显学。人们敬仰朱熹，尊称他为朱子。

8 憨山德清："三教同源"一高僧

人物档案：

憨山德清（1546—1623），法号德清，俗名蔡大美，字澄印，安徽全椒人。明末四大高僧之一，代表作有《观楞伽经记》八卷、《楞伽补遗》一卷、《华严经纲要》八十卷。

1546年10月，全椒一户蔡姓人家生了一个小男孩，他五官端正，大家为他取名"大美"。

憨山德清画像

没想到出生不久，大美患上了严重的"风疾"，经几番抢救，勉强活了下来。大美的母亲洪氏是一位虔诚的佛教徒，生平信奉白衣观音，经常进庙烧香礼佛，布施供养。据说，她怀孕前做了一个梦：一位白衣观音菩萨，领着一个小孩，来到家里，把孩子送给她。洪氏非常高兴，接过孩子，紧紧地抱在怀里。神奇的是，不久之后，她怀孕了。

洪氏便向菩萨许愿，将来送孩子出家为僧，并在附近的长寿寺给大美寄了个名字。

家里人对大美寄予厚望，努力让他读书。大美对读书做官不感兴趣，听说做僧人可以云游天下，自由自在，他很羡慕，便立志做一个好僧人。

长到十一二岁时，大美已经出落得清秀英俊，开始有人上门提娃娃亲。大美想出家，便坚决拒绝。南京大报恩寺有一位和尚见到大美，向他介绍了许多佛家知识。大报恩寺是明成祖永乐皇帝为报母恩修建的皇家寺庙，规模很大，还有很多田庄。庙里的琉璃宝塔举世无双，庄严无比。方丈西林老和尚是位得道高僧，担任朝廷僧官职务。

大美很向往大报恩寺。他把出家的想法向父亲蔡彦高说了，父亲坚决反对。

机会还是来了。1557 年，南方闹倭寇，百姓生活不安定。许多人家把孩子送到南京城里有钱有势的皇家寺庙，由朝廷僧官直接庇护。

父母商定后，勉强默许大美出家。大美入大报恩寺做了和尚，也就是后来的憨山德清大师。

憨山德清文化功底好，学习经文进步快，深得西林的喜爱，让人教他读《法华经》，四个月他就能背诵。西林见他聪颖，再请人教他读“四书”、《易经》及古文诗赋。

憨山德清致力于佛学研究，随后他成为教师，教授大报恩寺义学里的僧徒。

1595 年，明神宗不满皇太后为佛事耗费巨资，迁罪于憨山德清，将他被捕下狱，以私创寺院的罪名充军去广东雷州。

当地官民仰慕他的学德，经常去拜访他。憨山德清着罪犯服装登座为众说法，开创岭南佛教风气。他还用诗词文章记录下自己的心路历程，是有名的诗僧。

憨山德清虽是禅门宗匠，但修行上不拘一宗一派，极力倡导禅净一致，尤其是致意于华严；在佛教内主张禅净双修，对外又宣传儒、道、释三教调和。他思想见解颇与禅宗六祖惠能大师相契。中国禅宗的祖庭——曹溪，经过憨山德清的锐意经营，由荒废恢复旧观，因此他被称为曹溪中兴祖师。其功德巍巍，为后人所敬仰。

9 方以智：穷理极物成智者

人物档案：

方以智（1611—1671），江南省桐城（今枞阳）人。明末清初著名的唯物主义思想家和杰出的科学家、文学家。先后著述400余万言，存世作品数十种，内容广博。代表作有《通雅》《物理小识》。

方以智画像

在枞阳浮山风景区白沙岭中，长眠着一位大师。他就是17世纪中国伟大的思想家、哲学家、科学家方以智，生前曾是明末著名“四公子”之一。墓碑上，一副对联“博学清操垂百世，名山胜水共千秋”，概括了他一生的成就与品格。

桐城方氏家族是望族。第五世方法（字伯通）乡试得中举人，授四川都指挥使司断事，成为方家科举发迹第一人。自此以后，簪缨不绝。据不完全统计，明清两季，桐城桂林方氏有28人考中进士，涌现了方大美、方学渐、方以智、方苞等人，门祚绵延六百余年。

方以智曾祖父方学渐精通医理，祖父方大镇担任过大理寺左少卿，父亲方孔炤官至湖广巡抚。

方孔炤忙于政务，因而方以智从小由母亲和姑姑一起抚养长大。姑姑方维仪是诗人，从小随父亲外游，见多识广，经常把自己所见说给方以智听。

方以智年纪稍稍大些，也跟随父亲游览了青城山、峨眉山、三峡，见识了巴蜀的文化。

明崇祯初年，方孔炤在桐城郊区建了一个泽园。方以智与一些志同道合的青年常在泽园聚会,吟诗作赋。他们成立泽社,社中有方以智堂叔方文、妹夫孙临,以及钱秉镫、周岐等人，经常慷慨酣歌，论天下大事。

明朝中后期,社会矛盾激化,宦官魏忠贤当权,排除异己,专断国政。当时,东林党标榜气节，崇尚实学，深得方以智推崇。他经常在泽社发表见解，认为一个人再有学问，如果没有忠诚、气节，而是巴结逢迎，那就无异于禽兽。这些话传到魏忠贤阉党的余党阮大铖耳里，遭到了他的嫉恨。

1640 年，30 岁的方以智考中进士。崇祯皇帝召见，他对答如流，随后在京城任工部观政、翰林院检讨、皇子定王和永王的讲官。

崇祯皇帝自杀后，福王朱由崧在南京建立了弘光政权，重用阮大铖。方以智不断受到排挤、迫害，流落到岭南、两广一带，以卖药为生，生活格外艰难。

当清兵大举南下，方以智在发愤著述同时，秘密组织反清复明活动。1650 年，清兵攻陷广西平乐，方以智被捕。

清军敬重方以智的才华，想让他归顺。他们在方以智左边放了一件清军的官服,右边放了一把明晃晃的刀,让方以智选择。方以智毫不犹豫,立即奔到右边,宁死不降。清军将领欣赏他的气节，反而将他释放。

获释后，方以智在梧州出家，法名弘智。晚年的方以智潜心学术，写出了大量著作,有100余种,其中最为流行的是《通雅》和《物理小识》。《通雅》52卷,是一部综合性的各类名词汇编书,分别记述天文、月令、农时、地理、官制、田赋、刑法、礼仪、器用、饮食等。《物理小识》则是一部科学笔记。

方以智博学多才，不仅是文学家，还是一位持唯物主义观点的哲学家。他清醒地认识到西方科学具备实证精神，这是中国传统学术中最为缺乏的。因此，他主张将西学与中国固有传统加以会通，重视探索自然奥秘的实学思想和实学活动,改变了中国学问一向重人伦而轻自然的致知传统,具有划时代的历史意义。可以说，方以智的出现，开创了中国文化由理学向实学转变的道路。

⑩ 戴震：皖派朴学集大成者

人物档案：

戴震（1724—1777），字东原，又字慎修，号杲溪，休宁隆阜（今黄山屯溪区）人。清代著名语言文字学家、哲学家、思想家。

“热爱江南鱼米乡，屯溪古镇更情长。小华山下桃花水，况有茶香与墨香。”诗句描写的是屯溪老街，其中小华山就在老街附近，那里有著名的戴震公园。据说，过去老街附近的珠塘水面很高，导致老街经常漫水，戴震设计、建设了珠塘坝，得以治理水患。后来，人们便在这里建有纪念性的戴震公园。

戴震画像

1724 年早春，在一片电闪雷鸣中，屯溪一栋老房子里，一声清脆的婴儿啼哭声传了出来，因为他的哭声太响，父亲为他取名“震”。这个婴儿就是戴震。

戴家曾是官宦家庭，到了戴震曾祖父和祖父时，家道开始衰落。父亲戴弁只是一位卖布商贩，在安徽、江西一带经营小本生意。

“万般皆下品，唯有读书高”。在古代，商人社会地位很低，古人划分的“士农工商”四大阶层，商人排在最后。戴弁便把戴震送往私塾读书。

戴震很聪慧，读书一目十行，过目成诵。他 10 岁时，上百字的文章，看一遍就能背诵。难能可贵的是，他敢于质疑，经常向老师提问。

20 岁时，戴震听说音韵学家江永在家开馆招收学生，立刻前去拜师。江永精通三礼，旁通天文、地理、算学及声韵等。拜江永为师后，戴震学问果然大进。他 22 岁时写成《筹算》二卷，24 岁写成《考工记图》，33 岁完成《勾股割圜记》《周髀北极璇玑四游解》等文，都属自然科学著作。

戴震没有想到，在自己 33 岁时，发生了一件大事。

那年，当地有一个大家族的子弟，侵占戴家祖坟。戴震非常气愤，据理力争，并把那个子弟告到县衙。没想到，富家子弟私下用银钱贿赂县令，县令反而判戴震获罪。为了脱身避难，戴震连夜仓促逃往京城，因为身无分文，只好在北京的歙县会馆寓居，过着饥一顿饱一顿的日子。

戴震公园

这段日子虽然艰苦，但也是戴震一生中十分重要的转折点。在寓居北京期间，他与纪晓岚、钱大昕等著名学者相识，不仅学识大有长进，还在朋友帮助下，将《勾股割圜记》和《考工记图》刊印，大获成功，名震京城。

戴震在京城期间，除了做学问，也收徒授业，以王念孙和段玉裁最为著名，他俩在训诂学和经学等领域都获得很高成就。

戴震声名很高，但是有一个遗憾，那就是他的科举之路不平坦。

读书做官是很多学子努力的目标。不知道为什么，才华横溢的戴震却在科举这条道路上屡屡受挫。他 29 岁考中秀才，40 岁考中举人，之后，他六次进京参加会试，六次落第。这对于久负盛名的戴震来说，要承担多么大的压力。

在戴震第六次科举落第之后，因为其声名，乾隆皇帝开恩，恩准他与录取的贡士一同参加殿试，赐同进士出身，为翰林院庶吉士，从事《四库全书》的编纂。

戴震将自己后半生全都交给了四库馆，在这里他潜心做学问，先后完成多本著作。除了著书之外，馆中藏书大部分都经过他的考订。可以说，在当时的四库馆中，凡是天文、算法、地理、音韵、文字等方面的书，都经过了他的精心研究。

随着汉学兴起，清代传统学术研究崇尚朴实无华的治学风格。在顾炎武、黄宗羲等学者的影响下，朴学在与宋明理学的对立和斗争中发展起来，注重于资料收集和证据罗列，主张“无征不信”，少有理论的阐述及发挥，也不刻求文采，主要从事审订文献、辨别真伪、校勘谬误、注疏和诠释文字、典章制度以及考证地理沿革等等，被称作“朴学”或“考据学”，是清代学术思想的主流学派。当时，由歙县黄生开端，婺源江永奠基，程瑶田、金榜、洪榜、江有诰等人参与，形成了皖派朴学。

戴震治学广博，音韵、文字、历算、地理无不精通，又进而阐明义理，对理学家“去人欲，存天理”之说有所抨击。其视个体为真实、批判程朱理学的思想，对晚清以来学术思潮产生了深远影响，是皖派朴学集大成者。梁启超称之为“前清学者第一人”，胡适称之为“中国近代科学界的先驱者”。

⑪ 孙家鼐：京师大学堂创办人

人物档案：

孙家鼐（1827—1909），字燮臣，号蛰生、容卿、澹静老人，安徽寿州（今淮南寿县）人。清咸丰九年（1859）状元，与翁同龢同为光绪帝师。1898 年，以吏部尚书、协办大学士受命为京师大学堂（今北京大学）首任管理学务大臣，后任文渊阁大学士、学务大臣等。

孙家鼐照片

说起北京大学，人们会想到京师大学堂；说起京师大学堂，人们会想到孙家鼐。

孙家鼐曾祖孙士谦曾任乾隆年间刑部郎中，祖父孙克伟是贡生，父亲孙崇祖是池州府的教谕。孙家鼐父亲治家极严，要五个儿子都走读书做官的道路。

皇天不负苦心人，孙崇祖五个儿子后来都成为朝廷能臣，可谓“一门三进士、五子四登科”。五兄弟中有四个侍郎，家泽是礼部侍郎，家铎是户部侍郎，家怿是工部侍郎，家丞是吏部侍郎。家鼐做过工部尚书、礼部尚书、吏部尚书，又是清末朝廷的第一任管学大臣、光绪皇帝的老师，创办了京师大学堂（北京大学前身），朝廷恩赐他在家乡建造“太傅第”。

孙家鼐当状元，也有一段有趣的传说。殿试中，咸丰皇帝命他以大清王朝的兴盛为题写一副对联。孙家鼐稍加思索，挥笔立就：亿万年济济绳绳，顺天心，康民意，雍和其体，乾见其行，嘉气遍九州，道统维羲皇尧舜；二百载绵绵奕奕，治绩昭，熙功茂，正直在朝，隆平在野，庆云飞五色，光华照日月星辰。对联既含歌颂清王朝之意，又巧妙地把咸丰以前清朝皇帝的年号顺治、康熙、乾隆、嘉庆、道光嵌于其中，气势宏大又浑然天成，咸丰皇帝当即击案称妙，钦点孙家鼐为状元。

孙家鼐自律甚严，治家也极其严厉。一次，孙家鼐回乡省亲，当地官员决定以最隆重的礼仪接待这位皇帝的老师。这一天，寿州城外锦旗飘扬，鼓乐齐鸣，知州率领文武官员一大早便来到正门列队迎候孙大人，但直到太阳已从地平线升到头顶，仍不见状元公。知州万分焦急，此时一个衙役来报告，孙大人早已从东门进城回“状元府”了。

在家乡期间，孙家鼐的侄子前来诉说家口太多，生活困难，请叔叔在京城为他安排一个工作，孙家鼐却说道：“我家在下塘集有一块地，大概有几百亩，你去收租吧。”省亲期间，孙家鼐微服回访一个长辈，出城门时迎面碰上一个挑粪担的壮汉。那壮汉走得太急，把粪水溅在了孙家鼐的衣服上。孙状元只是看了他一眼，并未出声，孰料那壮汉却大声吆喝道：“我是状元家种田的，溅脏了你的衣服，你敢把我怎么样？”孙家鼐听后一字一板地说：“状元家种田的也要讲道理，不能仗势欺人呀！”后来人们告诉那壮汉：“你碰到的那人正是孙状元。”通过这件事，孙家鼐深感家风问题的重要性，于是严格家规，严禁后代奢侈胡来，举止必须以《仪礼》为准则。

伴君如伴虎，孙家鼐深知官场险恶，不主张后代从政，只有曾孙女孙琪方，嫁给了孔子的第 77 世孙孔德成（世袭衍圣公），孔德成后来在台湾当了“考试院院长”。

借助于与李鸿章家族、袁世凯家族、何芷舠家族、刘秉璋家族、合肥龚氏家族的联姻，孙家的后人在近代实业界大放异彩。孙家在实业界呼风唤雨，最初开始于孙家鼐的两个侄孙，即孙多鑫、孙多森兄弟。他们的外公李瀚章是个理财能手，曾把他们带到两广总督衙门里生活。广州五方杂处的商业环境，给孙家兄弟带来了活跃的商业思维，以至他们成年后涉足实业界、银行界，高瞻远瞩，步步得发，带出了一个孙氏家族实业集团，使孙家完成了从一个官宦家族到一个实业

寿县孙氏宗祠

家族的转变。

孙多鑫与其胞弟孙多森、孙多钰一起，在大江南北先后开创和参与投资了几十个企业，涉及面粉、水泥、纺织、金融多种门类。

孙氏家族迅速成为与周馥家族相媲美的又一皖系实业集团，与周氏家族一起奠定了中国北方近代工商业基础。其中，阜丰面粉厂是中国第一家机器面粉工厂。随着中孚银行的创立，孙氏家族又培养了一批金融人才，除了中孚银行的孙元方、孙观方、孙锡三、孙启方之外，还有任中国实业银行北京分行经理的孙瑞方、任金城银行和中南银行香港分行总经理的孙羽侯、任复兴银行行长的孙镇方、任国华银行苏州分行经理的孙炽方，等等，为孙氏家族进军银行业建立了人才库，昔日的“面粉大王”逐渐成为“银行大王”。中孚银行一直维持到中华人民共和国成立，公私合营后归入中国工商银行。

在时代的狂澜下，孙家也出现了革命家式的政治人物。孙一中在第一次国内革命战争时期就参加了中国共产党，是黄埔军校第一期学生、周恩来的战友，参加过北伐战争和南昌起义，曾任叶挺独立团一营营长。1929 年，孙一中到洪湖地区，与周逸群、贺龙一起领导创建湘鄂西革命根据地。

从寿州走出的职业革命家孙大光，从 16 岁开始投身中国共产党的秘密工作，为了民族的独立和解放，九死一生，甘将头颅献中华。中华人民共和国成立后，孙大光历任交通部部长、地质矿产部部长。他对家乡深怀眷恋，1986 年秋天，他看到家乡教育设施仍然十分落后，便毅然将精心珍藏的文物、字画和积蓄捐献给安徽省博物馆和地方教育事业，以补学济困。

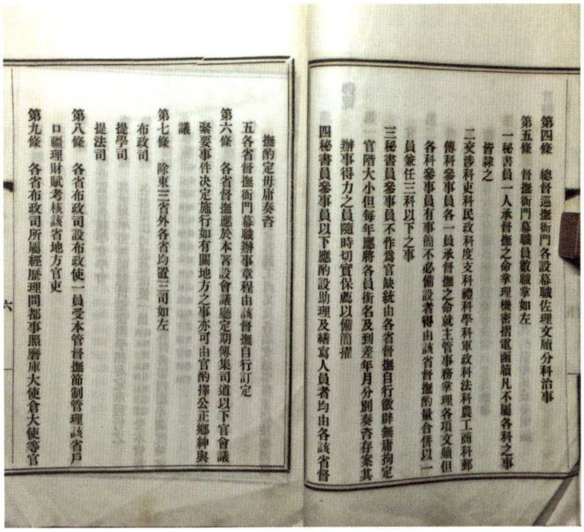
第四條　總督巡撫衙門各設幕職佐理文牘分科治事
第五條　督撫衙門幕職員數職掌如左
一秘書員一人承督撫之命掌理機密摺電函牘凡不屬各科之事
皆隸之
二交涉科吏科民政科度支科禮科學科軍政科法科農工商科郵
傳科參事員各一員承督撫之命就主管事務掌理各項文牘但
各科參事員有事簡不必備設者得由該省督撫酌量合併以一
員兼任三科以下之事
三秘書員參事員不作為官缺統由各省督撫自行徵辟無庸拘定
官階大小但每年應將各員銜名及到差年月分別奏咨存案其
辦事得力之員隨時切實保薦以備簡擢
四秘書員參事員以下應酌設助理及繕寫人員者均由各該省督
撫酌定冊報奏咨
五各省督撫衙門幕職辦事章程由該督撫自行訂定
第六條　各省督撫應於本署設會議廳定期傳集司道以下官會議
緊要事件決定施行如有關地方之事亦可由官酌擇公正鄉紳與
議
第七條　除東三省外各省均置三司如左
布政司
提學司
提法司
第八條　各省布政司設布政使一員受本管督撫節制管理該省戶
口釐理財賦考核該省地方官吏
第九條　各省布政司所屬經歷理問都事照磨庫大使倉大使等官
六

有关孙家鼐的文献资料

政治人物中最为传奇者当为孙少侯，虽身处高墙深院，却对封建家族的清规戒律异常不满，坚决支持康梁变法，曾变卖家产，与柏文蔚等组织团体宣传革命，抨击清廷。但辛亥革命后，孙少侯却一反常态，支持袁世凯复辟帝制，完全站到革命的反面，让世人侧目。

孙氏家族也不乏艺术人才。孙仰农和孙瑞方（蔼仁）是京剧名票，与余叔岩交往甚密。孙多诠（筱斋）是诗人、书法家。艺术人才中，故事最动人的还数徐悲鸿学生、画家孙多慈。

12 吴汝纶：学贯东西的教育家

人物档案：

吴汝纶（1840—1903），字挚甫，一字挚父，安徽桐城（今枞阳县会宫镇）人。晚清文学家、教育家。代表作有《吴挚甫文集》《深州风土记》《东游丛录》。

吴汝纶画像

“后十百年人才奋兴胚胎于此，合东西国学问精粹陶冶而成。”匾额：“勉成国器。”这副门联让许多人记住了桐城中学，记住了近代教育家吴汝纶。

吴汝纶幼时家境贫寒，但为了专注学习，他宁可舍弃口腹之欲。有一次，他得到一颗鸡蛋，并没有马上吃掉，而是跑到集市换成了松脂，拿来供夜里读书时照明。他博览诸子百家之书，笃好文学，对同乡先辈方苞、刘大櫆、姚鼐等桐城派文豪尤其尊崇。

清同治二年（1863），吴汝纶以县试第一名考取秀才，第二年中江南乡试第九名举人，后入京会试，于同治四年中第八名进士，授内阁中书之职。

晚清重臣曾国藩慕其才，留佐幕府，切磋学问，为“曾门四大弟子”之一。曾国藩曾向朋友评价自己的弟子说：“吾门人可期有成者，惟张、吴两生。”其中的吴，便是吴汝纶。

吴汝纶不以功业名世。对于国家救亡图存之道，他更看重教育的作用。短暂地担任过两地知州后，他向时任直隶总督的李鸿章毛遂自荐，欲接任莲池书院山长之职。李鸿章知道吴汝纶的志向，便同意了。

桐城中学

吴汝纶到院后，锐意改革，聘请日本教师教授外文，改进教学方法。因此，国内慕名求学的青年很多，严复、林纾、马其昶、姚永朴、姚永概、李光炯、房秩五等人都受过教益。当时住在北京城的日本和西方的文人学者也常往保定向吴汝纶请教，特别是日本教育界人士与他来往频繁。他们相互交流，促进了吴汝纶对西学的了解，萌生了兴办新式学堂的主张。

光绪二十八年（1902），清政府痛定思痛，决定尝试新政，开办新学。吴汝纶以其学贯中西的才能，担任京师大学堂新学总教习一职。为办好新学，同年吴汝纶出访日本考察教育。在出访过程中，吴汝纶经历了两件不愉快的事。

第一件是出访的行程中，有一站是日本的马关。甲午战败，李鸿章代表清政府在马关与日本政府签订了丧权辱国的《马关条约》，割地赔款。吴汝纶触景伤情，挥毫写下“伤心之地”四个大字。

另一件是吴汝纶在日本时，一天山根少将前来拜访。当谈及吴汝纶的儿子以后的志向是学什么专业时，吴汝纶回答说，儿子日后“将学政治、法律”。山根少将闻言，哈哈大笑说：“贵国人喜学宰相之学，满国皆李傅相也。”这对吴汝纶触动很大，认为“其言切多讽，记以示儿”，并把这件事记录在日记中。

这两件事激励了吴汝纶要在国内开办新式教育的决心。他主张废除科举制度，研习西学。所谓“安得东西并一堂”，他的教育理念，是把传统文化教育与西学教育融为一体。他在家乡筹办桐城学堂，可视为这种理念的一次具体实践。

吴汝纶擅长散文，是桐城派晚期的文学大师，但不固守“桐城家法”。他认为桐城古文“雄奇瑰伟之境尚少”，所以他的作品“意厚气雄，得于《史记》者尤深”。

吴汝纶墓，位于枞阳县义津镇吴牛山。墓坐北朝南，占地面积400平方米，墓冢、墓圹为青石砌造。

13 胡适：新文化运动先驱

人物档案：

胡适（1891—1962），原名嗣穈，学名洪骍，字希疆，后改名胡适，字适之，笔名天风、藏晖等。绩溪人。现代著名学者、历史学家、文学家、哲学家。

胡适照片

许多人去绩溪县上庄，都要去看看胡适故居。那里留有胡适母亲严格教育的故事，留有胡适勤奋苦读的身影。

胡适故居为两进三间砖木结构楼房，始建于1897年，是典型晚清徽派建筑，占地面积1100多平方米。大门前是用鹅卵石铺成的院落。大门用水磨青砖净缝砌筑，门的上方有四块砖雕装嵌，五飞砖之上是瓦顶，东西两端发戗翼腾，线条明快活泼。前檐墙的檐下两角，用墨、赭两色绘以山水花鸟，简洁雅致。

1891年，胡适出生在绩溪县上庄一个官商家庭。父亲胡传，字铁花，是清朝贡生，做过台东直隶州知州，因为战争离开台湾。胡适3岁时，他在厦门病逝。

母亲冯顺弟23岁守寡，是一位坚强的女性，决心好好培养儿子。

5岁时，胡适开始启蒙，进入私塾读书。每天天刚亮，母亲便把胡适喊醒，让他披衣坐起，思考昨天说错了什么话、做错了什么事。

由于基础扎实，1910年，胡适考取庚子赔款第二期官费生赴美国留学，于康奈尔大学先读农科，后改读文科。1914年，他往哥伦比亚大学攻读哲学，师从著名哲学家约翰·杜威。

1917年，当时胡适还是美国哥伦比亚大学的研究生，他在《新青年》上发表《文学改良刍议》，提倡使用白话文写作，可谓石破天惊，引起了很大反响。五四时

上庄胡适故居正厅

期，胡适连续撰写《历史的文学观念论》《建设的文学革命论》等，提倡“国语的文学，文学的国语”，并相继完成《国语文法概论》《白话文学史》等著作。他对白话文取代文言文起了决定性作用，是新文化运动先驱。

他治学严谨，倡言“大胆的假设，小心的求证”“言必有证”的治学方法，以及“认真做事，严肃做人”的做人之道。

胡适深受赫胥黎与杜威影响，毕生宣扬自由主义。他主张“多研究些问题，少谈些主义”“反对暴力革命，主张渐进改良”。1919 年，《中国哲学史大纲》（上卷）出版，他率先引入西方近代哲学的体系和方法，来研究中国的先秦哲学，受到学术界的赞誉。

胡适去上海读书时，家里人就为他订了婚。女方是旌德县江村的江冬秀，她的外祖父曾位至翰林，舅母是胡适的姑婆。但订婚未征得胡适同意，他也从未见过江冬秀。当时，从西方留学回来的青年都反对包办婚姻，为了不让母亲难过，胡适回国后与江冬秀结婚，并与她走完了一生。

胡适兴趣广泛，著述丰富，在文学、哲学、史学、考据学、教育学、伦理学、红学等诸多领域都有深入的研究，一生共获得过36个博士学位，著有《五十年来之中国文学》《胡适文存》《中国章回小说考证》等。他曾历任北京大学教授、北大文学院院长、辅仁大学教授及董事、中华民国驻美利坚合众国特命全权大使、美国国会图书馆东方部名誉顾问、北京大学校长、台湾“中央研究院”院士、普林斯顿大学葛思德东方图书馆馆长等职。

1962年2月24日晚，胡适在台湾“中央研究院”迎接新院士的酒会上讲完话，送客时跌倒，心脏病突发，猝然辞世。蒋介石为他送挽联，称他是“新文化中旧道德的楷模，旧伦理中新思想的师表”。

上庄胡适故居外景

14 陶行知：伟大的人民教育家

人物档案：

陶行知（1891—1946），歙县人。教育家、思想家，伟大的民主主义战士，中国人民救国会和中国民主同盟的主要领导人之一。代表作有《陶行知全集》。

歙县小北街，有一座陶行知纪念馆。它东眺问政山，南瞰长庆塔，西邻许国石坊，北附陶行知少年时就读的崇一学堂。仿徽派建筑青瓦粉墙，高脊飞檐式设计，由瞻仰厅、放像厅、书画厅和5个大展厅组成，其内陈列有陶行知遗物和著名遗联“捧着一颗心来，不带半根草去”。

陶行知照片

陶行知家境很穷，但他的聪明好学感动了塾师，让他免费入塾读书。

有一天下大雪，当他赶到塾馆时老师已经开讲，他硬是站在门外专心致志地听老师把课讲完，这种学习精神感动了塾馆里的每一个人。小时候，他就很有志向，在崇一学堂读书时，他在宿舍墙上写下了“我是一个中国人，要为中国作出一些贡献来”的座右铭。

“为一大事来，做一大事去。”为了实现自己报效祖国的宏伟志向，陶行知不断求索着奋斗之路。刚开始，他想通过学医来解除广大劳动人民的病痛，但是因所在教会学校的入教限制，他不愿意自己的思想受外国人的随意摆布，入学仅三天就愤而退学。

后来，陶行知进入金陵大学学习，随后留学美国，师从杜威，他逐渐找到了自己毕生的追求，那就是教育。回国后，陶行知历任南京高等师范学校、国立东南大学教授、教务主任等职，开始他富有创意而又充满艰辛的教育生涯，提出“生活即教育”“社会即学校”“教学做合一”等教育理论。他特别重视农村教育，认为在3亿多农民中普及教育至关重要。

陶行知原名陶文浚，因为赞成“知行合一”学说，改名陶知行。在实践中，他又觉得行应在知之先，又改名陶行知。他身体力行，着布衣，穿草鞋，同大家一起劳动、教学。

此后的30年间，陶行知矢志不渝，满怀赤子之心，为中国教育探寻新路。他先后创办晓庄师范学校、山海工学团、中华业余学校、育才学校、社会大学等，历尽千辛万苦，耗光所有财富，期间受通缉、遭误解、遇诽谤、避战祸，但他毫无怨言，不仅创立了完整的教育理论体系，还进行大量教育实践，培养了一批又一批全面发展的“人中人”。他从国情出发，与劳苦大众休戚与共，对我国教育现代化作出了开创性贡献。

“行是知之始，知是行之成。”陶行知不仅是一个很有创造力的教育家，也是一个勇敢的出色的反法西斯斗士。“一二·九”运动后，在中国共产党的帮助和影响下，陶行知积极宣传抗日，参加民主运动，进一步认识到教育应为民族革命和民主革命服务。“九一八”事变后，陶行知积极从事抗日救亡运动。1936年，他当选为全国各界救国联合会执行委员和常务委员，宣传抗日救国。抗日战争胜利后，陶行知回到上海，立即投入反独裁、争民主、反内战、争和平的斗争中。在生命的最后100天，他在工厂、学校、机关、广场发表演讲100多次，终因操劳过度，不幸去世。毛泽东称他是“伟大的人民教育家”，宋庆龄题词称他为“万世师表”。

学做真人，知行合一。陶行知以对国家的深情、对教育的厚爱成为万世师表。郭沫若曾赞曰：“二千年前孔仲尼，二千年后陶行知。”

⑮ 赵朴初：爱国宗教领袖

人物档案：

赵朴初（1907—2000），籍贯安徽太湖，出生于安庆。著名社会活动家、宗教领袖、诗人、书法家，曾任全国政协副主席。代表作有《片石集》《滴水集》《宽心谣》。

太湖县寺前镇，是赵朴初的祖居地。这里有波光荡漾的花亭湖，镇后青峰苍黛，如诗如画。

赵朴初文化公园位于寺前镇，背依巍巍双凤山，面临泱泱花亭湖。公园东侧是以气势恢宏的朴公陵等人文景观为主的纪念园区，中间部分是以纪念堂、报恩禅寺、上客房、纪念碑林为主的寺庙区，西侧为仿建的赵朴初祖居状元府。这里幽雅清新，竹影婆娑，散发着浓郁的书香气息。

赵朴初照片

太湖县赵氏一族，据其家谱记载，源出宋朝皇室后裔。自元朝中叶迁居玉望村（今宝坪村）以来，数代以农耕为业。七世赵彦逵，进为贡生，授直隶顺德府经略，诰封朝议大夫，为赵氏一族读书之始。

文脉传承至十三世赵文楷，秉耕读传家之风，集数世积累之功，于清嘉庆元年（1796）一举夺魁，成为当科状元。嘉庆四年，赵文楷奉旨出使琉球，参加琉球国王加冕典礼，他以诗文记录了沿途所见。

赵文楷儿子赵畇、孙赵继元、重孙赵曾重连续三代进士及第。自此赵氏一族名扬天下，翰墨流芳，世代相传，后人中英才辈出，著名爱国宗教领袖、书法家、社

赵朴初文化公园

会活动家赵朴初便是其中的代表。

安庆天台里有个赵家的“世太史第”，今天称为“赵朴初故居”，民间叫“状元府”。1864 年，状元赵文楷的儿子赵畇辞职回到安庆，买下了前朝状元刘若宰家的房子，进行扩建。他主讲于敬敷书院，此外便是诗书怡情。

1907 年，赵朴初就出生在这“世太史第”里。1911 年，安庆新军起义，讲究“小乱住城，大乱住乡”的赵炜如带着子女赵朴初等人回到老家太湖县，赵朴初在那里一直生活到 10 岁才离开。

受母亲影响，赵朴初从小就有颗慈善的心。在表舅关䌹之的指导下，青年赵朴初开始研究佛经。后来，关䌹之建立上海佛教慈幼院并任院长，日常工作即由赵朴初去做。

1929 年 4 月，中国佛教会成立，关䌹之被选为九位常委之一。从此，赵朴初和全国高僧大德的接触更加频

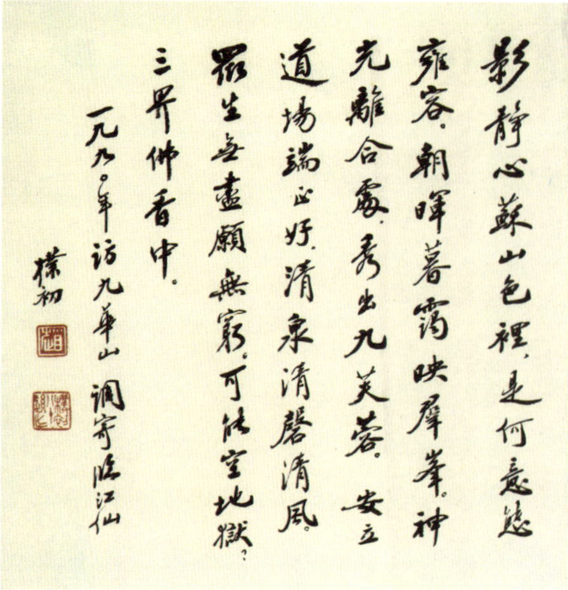

赵朴初书法作品

繁，也走上了慈善为本、普度众生的道路。他将自己在私塾和东吴大学所学的知识，融会贯通到佛学中去，诗书造诣也与日俱进。

1937年，“八一三”淞沪战争爆发。飞机穿梭，枪声不断。赵朴初冒着飞弹，收容难民。

20世纪50年代初期，赵朴初在担任华东民政部、人事部副部长期间，为华东地区和上海的经济恢复与安定群众生活做了大量工作。赵朴初经手的巨额款项和物资，来龙去脉非常清楚，无一笔糊涂账。

赵朴初担任过中国佛教协会会长，是杰出的爱国宗教领袖，他常常告诫弟子，佛教利益必须与人民利益结合起来。他打比方说，我们的生命好比一滴水，只要我们肯把它放到人民的大海中去，这一滴水是永远不会枯竭的。

赵朴初是享誉海内外的著名诗人和书法家。他的诗词曲作品曾先后结集为《滴水集》《片石集》，其中不少名篇在国内外广泛传诵。他的书法以行楷见长，俊朗神秀，在书法界久负盛名。

风云人物

“沧海横流，方显出英雄本色。”一代代政治风云人物立在时代潮头，思考社会的安定与发展。俯仰不愧天地，褒贬自有春秋。

姜子牙领兵智谋过人，管仲改革富国强兵，曹操一代枭雄，包拯铁面无私，朱元璋创立大明王朝，张廷玉、张英父子宰相，柏文蔚辛亥举义，陈独秀高擎民主与科学大旗，创建中国共产党……

敢为人先，勇于奋斗，是安徽人的鲜明特征。以理想与时代交织，以生命与智慧相融，于风云激荡之中，安徽人一往无前。

16 姜子牙：文王访贤渭水旁

人物档案：

姜子牙（约前1156—约前1017），姜姓，一名望，字子牙，新蔡（今安徽临泉姜寨）人。因其先祖辅佐大禹平水患有功被封于吕，故以吕为氏，也称吕尚。姜子牙辅佐武王伐纣建立了周朝，是中国古代一位影响久远的韬略家、军事家与政治家。

临泉县有姜寨镇，是姜子牙故里，至今尚有姜子牙垂钓台遗址，广为流传的传统民俗节目《姜公背姜婆》也发源于此。1958年，姜寨人清理涎河时，曾出土一块汉代石碑，上书“姜尚故里”四个大字。此碑当时运至临泉县政府保

姜子牙垂钓渭水河

存，没多久，因为赶上“大跃进”，石碑被拉往韩坡寨烧了石灰，让人很痛心。姜寨集北有古冢一处，相传为姜子牙先祖墓，曾出土铜镜、铜剑，见风即碎。

姜子牙先祖曾经帮助大禹平水患有功，受封于吕地，便以吕为氏，故姜尚也称吕尚。姜子牙出世时，家境已经败落。年轻时，他当过宰牛卖肉的屠夫，也开过酒坊，他不会做生意，但始终勤奋刻苦地学习天文地理、军事谋略，研究治国安邦之道。他曾为商纣做事，但商纣无道，他便离开了。

相传，直到70岁，姜子牙还闲居在家。妻子也嫌弃他不能挣钱养家，经常吵闹。姜子牙不气馁，一直相信能遇到明君。直到遇上了周文王姬昌，他终于可以施展自己的才华。

姜子牙辅佐姬昌积善修德，明道行仁。对外促使姬昌联络对商纣王不太满意的诸侯国向其纳贡，使商纣王放松警惕；对内实行爱民之策，提倡生产，训练兵马，国力逐渐强盛，天下三分之二的诸侯都心仰西岐。

姬昌去世后，姬发即位。商纣杀死王子比干，荒淫暴虐到了极点。姜子牙见时机成熟，向姬发提出伐纣建议。行军途中，遇到暴风骤雨，姬发和众臣子以为天意不赞同出兵，决心动摇，准备撤回。姜子牙力排众议，坚定姬发伐纣的信心。

两军在商都朝歌郊外的牧野展开大战，姜子牙亲率精锐挑战，商军虽然人多势众，但离心离德，纷纷倒戈。纣王逃回朝歌自焚而死。姬发诏告天下，周王朝诞生，把象征天下最高权力的九鼎迁往周国，并修治政务，一个政治清明的时代出现了。

灭商后，周武王同姜子牙、周公旦等人商议，把全国分成若干个侯国，由在灭商大业中作出贡献的姬姓亲族和有功之臣建都立国，即“封建亲戚，以藩屏周”。由于姜子牙在兴周灭商中功勋卓著，他被首封于齐地营丘（今淄博市临淄区），建立齐国。

姜子牙在齐地推行“因其俗，简其礼”的开明政策，开创了任人唯贤、唯才是举的人才使用先河，齐国很快强大起来。

周成王时期，管叔、蔡叔、霍叔发动“三监之乱”，淮夷、徐夷“殷东五侯”起兵反周。姜子牙同儿子姜伋一道辅助周公旦，运筹帷幄，迅速平定叛乱，为二次安周立下了赫赫战功。

姜寨镇木一博览园

公元前1017年，姜子牙卒于周首都镐京。他的儿子齐丁公姜伋继续辅佐周康王，成为仅次于首辅召公奭的次辅，并掌管周王朝精锐部队三千虎贲，保卫都城。

相传，姜子牙著有《六韬》一书，又称《太公六韬》《太公兵法》《素书》，是一部集先秦军事思想之大成的著作，中国古代著名军事家鬼谷子、孙武、黄石公、诸葛亮等都学习、吸收了《六韬》精华，姜子牙也被誉为“兵家权谋始祖”。

姜子牙的故乡临泉县姜寨镇杨楼，有木一博览园，总规划面积近400公顷。景区内，为了弘扬姜子牙“英勇善战、足智多谋”的形象及文化，大部分景点及设施均以姜子牙的名字或与其相关的历史事件、典故命名，如子牙大道、子牙湖、子牙居等，是一个集休闲、养生、娱乐、拓展、文化教育于一体的综合性生态旅游景区。

颍上管鲍祠

17 管仲：华夏第一相

人物档案：

管仲（约前 723—前 645），姬姓，管氏，名夷吾，字仲，谥敬，颍上（今安徽颍上）人。春秋时期法家代表人物，著名哲学家、政治家、军事家，被誉为“华夏第一相”。

安徽颍上有座管鲍祠，由当时县令、著名文学家、戏曲作家屠隆修建，并为此留下《管鲍祠碑记》。

管鲍祠坐北朝南，门前有一条公园小河。“相齐桓公一匡天下，友鲍叔牙万古高风”，这是大殿内的楹联，高度概括了管仲一生的功绩以及与鲍叔牙的友

管仲铜像

情。管仲曾多次对人说："生我的是父母，知我的是鲍叔牙。"两人是"高山流水"般的知音。

颍上还有管仲老街，青砖灰瓦鳞次栉比，市民三五成群漫步其中，尽情感受悠长古韵。

相传，管仲是姬姓后人，周穆王后代。《史记·管晏列传》记载："管仲，夷吾者，颍上人也。"父亲管庄是齐国大夫。到管仲出生时，家道衰落，已经很贫困。

为了谋生，管仲与鲍叔牙合伙做生意，结果失败了。在这个过程中，他到过许多地方，见过许多世面，积累了丰富的社会经验。

齐桓公元年（前685），管仲任齐相，大兴改革，富国强兵，是中国古代著名的经济学家、哲学家、政治家、军事家。

管仲为相期间，设立了九个部门，称之为"轻重九府"。这样职责分明了，管理起来顺畅。他还创办了最古老的审计原则——明法审数，也就是要求审计人员按照国家所颁定的法令办事，遵守法纪，要熟稔财政收支情况及财物出入数量。

管仲善于选才用人，建立了一套考核制度，用来选拔、提升各级官员。他将国都之外的地区分为五属，各属下设县、乡、卒、邑四级，就是把行政区域给细化了。他还重视法制建设，以法令为权威，不遵守者必须处死，同时主张道德教化与法治并重。

管仲改革使齐国经济得到了复苏，工商业发展起来。公元前680年，鲁、宋、陈、蔡、卫都先后臣服齐国，只有郑国还处于内乱中，管仲建议齐桓公联合宋、卫、郑三国，并且邀请周王室参加，在鄄（今山东鄄城）进行会盟，从而奠定了齐桓公的霸主地位。

管仲注重自我修养，重视人的品德，倡导君子文化。他把玉的品质与君子道德并提，指出玉有九德，是历史上第一个对玉德进行系统论述的人，著有《管子》一书。

管仲以他的睿智、豁达，帮助齐国书写了春秋历史上最辉煌的传奇，无愧于“中华第一相”的称号。

在《论语·宪问篇》中，孔子称赞管仲：“微管仲，吾其被发左衽矣。”意思是没有管仲，我们都会披散头发，左开衣襟，成为蛮夷了。诸葛亮也非常推崇管仲，曾以管仲自比。

18 孙叔敖：治水、治国、治军贤相

人物档案：

孙叔敖（约前630—前593），芈姓，蒍氏，名敖，字孙叔，郢（今寿县）人。因出色的治水、治国、治军的贤能闻名于世，官拜令尹（宰相），辅佐春秋五霸之一的楚庄王独霸南方。

孙叔敖画像

“桐乡振廪得周旋，芍水修陂道路传。日想僝功追往事，心知为政似当年。鲂鱼鲅鲅归城市，粳稻纷纷载酒船。楚相祠堂仍好在，胜游思为子留篇。”这是北宋王安石写的一首七律诗《安丰张令修芍陂》。“百里陂塘峙楚祠，万年伏腊动人思。爱存堕泪非残碣，功似为霖岂一时。”这是明代王邦瑞的绝句。他们盛赞的是芍陂及其灌溉效益。

芍陂，今名安丰塘，距今已有2500多年历史，是中国最古老而又著名的水利工程，曾被誉为“水利之冠”。人们一提起它，就会联想到这个水利工程的设计人和兴造者——孙叔敖。

毛泽东非常关心淮河治理，在多次视察淮河时，都提到孙叔敖，称赞他是了不起的治水专家。

《史记·循吏列传》云：“孙叔敖者，楚之处士也。虞丘相进之于楚庄王，以自代也。三月为楚相，施教导民，上下和合，世俗盛美，政缓禁止，吏无奸邪，盗贼不起。秋冬则劝民山采，春夏以水，各得其所便，民皆乐其生。”这段话描述了孙叔敖的治理能力。

孙叔敖的父亲曾经担任楚国司马，聪明过人，屡立战功，后被楚将斗越椒杀害。孙叔敖奉母逃难，居于梦泽，力耕自给。后虞丘荐其贤于楚庄王，公元前601年，孙叔敖出任楚国令尹。

寿县孙叔敖纪念馆

春秋时期，社会风气激荡，烽烟四起。孙叔敖根据当时外忧内患、令典荒废、百业待兴的状况，把息兵安民、除患兴利、发展生产当作治国之策。

孙叔敖不仅善于治理国家，还是水利专家。当时，淮河以南的寿春，是楚国的主要粮食产地之一，这里粮食的丰歉，对人民安定和军粮供应影响极大。孙叔敖深知水患给农业带来的损失，于是定制度，立军法，兴水利。

“善为国者，必先除水旱之害。”得到楚庄王的支持后，孙叔敖奔走于淮河以南、淠河以东，察看大片农田的旱涝情况；又沿淠水而上，爬山越岭，勘测来自大别山的水源。通过实地考察，孙叔敖在淮南一带，召集百姓，征集民力，疏沟开渠，洼地除涝，高地防旱，并选定淠河之东、瓦埠湖之西的长方形地带，周长60多千米，上引龙穴山、淠河之水源，下控1300多平方千米之淠东平原，布置工程，大规模围堤造陂。当时陂中有一白芍亭，故名“芍陂”。

孙叔敖的治水业绩，古往今来一直受到人们景仰。早在汉代，人们就在芍陂北堤建起孙公祠，后屡遭兵燹、火焚，明、清两朝多次重建、修缮。历代石刻的塘图、塘志和修塘纪事的碑文，文人墨客为孙叔敖造陂写下的动人诗篇，迄今仍然笔触清晰。

19 甘罗：年少拜相

人物档案：

甘罗（约前256—？），战国末期下蔡（今安徽颍上，一说凤台）人。著名少年政治家。自幼聪明过人，12岁时出使赵国，因功被秦始皇赐任上卿（相当于丞相）。

甘茂画像

颍上县东25千米的甘罗乡，有一座甘罗墓，静静立于颍河北岸。史料记载，明代知县何豸曾立碑记之，清光绪十五年（1889），安徽巡抚陈彝于墓后约70米处择地而封，并立碑于其前，题字“秦上卿甘罗碑”。此后，颍上县知事黄佩兰、县长张鼎家也先后立碑记之。

在当地，神童甘罗的故事代代相传。甘罗祖父甘茂，姬姓，生卒年不详，战国中期秦国名将。他曾就学于史举，学百家之说，经张仪、樗里疾引荐于秦惠文王。

秦惠文王派甘茂为将去帮助左庶长魏章夺取汉中地区。因为表现不错，秦武王即位时，甘茂接替魏章，掌握军权。这年，秦公子蜀侯辉和他的辅相陈庄谋反，甘茂邀请司马错协助，很快平定蜀乱。

第二年，秦武王开始设置丞相，秦惠文王的弟弟樗里疾为右丞相，他举荐甘茂为左丞相。两人相得益彰，进行了一连串的军事扩张。

公元前307年，甘茂助力秦武王大举进攻洛阳。周天子无力抵御，秦武王直奔周室太庙往观九鼎，在与孟说斗力举鼎中绝膑而亡。秦昭王即位，重用与自己一起长大的向寿和旧臣公孙衍，甘茂受到排挤，加之樗里疾将秦武王的死算到他头上，他感到害怕，借机出师攻魏蒲阪时，逃到齐国担任上卿，最后在魏国去世。

甘罗画像

甘茂去世时，甘罗才 12 岁，奉事秦国丞相吕不韦。有一天，吕不韦回到家里，十分恼怒的样子，甘罗便询问原委。原来，秦国准备派大臣张唐到燕国为相，打算结交友好联合夺取赵国土地。

张唐曾率军攻打赵国，赵王对他恨之入骨。出使燕国必须经过赵国，张唐坚决推辞不去。甘罗便来到张唐家里，对他说：“我给你吊丧来了。”接着，他以武安君白起、应侯范雎等为例，告诉张唐不答应去燕国的后果。张唐听得直冒冷汗，答应出使。

秦王听了吕不韦的汇报，召见甘罗，给他十辆车、百余名仆从，让他先去赵国打通关节。

甘罗虽然才 12 岁，但器宇轩昂。他侃侃而谈，告诉赵王燕秦互派人质，赵国就危险了。秦燕和好就是想攻打赵国，扩大河间的地盘。

赵王一听慌了，忙请教对策。甘罗说道：“大王不如给秦国五座城池，你再请求他遣回燕太子，断绝秦燕之好，这样你就可以放心地攻打燕国。以强大的赵国攻打小小的燕国，还愁得不到五座城池吗？”赵王很高兴，让他把送给秦国的五座城池之图带给秦王。

秦王对甘罗大加赞赏，封他为上卿（战国时诸侯国最高的官职，相当于丞相），并且把原先甘茂的田宅赐给他。赵国派军攻打燕国，得到 30 座城池，又把其中的 11 座城池送给秦国。后来，甘罗的故事被许多戏曲演绎，他少年“拜相”的故事在民间广为流传。

20 曹操父子：文韬武略傲千古

人物档案：

曹操（155—220），字孟德，小字阿瞒，沛国谯（今安徽亳州）人。东汉末年著名政治家、军事家、文学家，以汉天子的名义征讨四方，统一中国北方，并实行一系列政策恢复经济生产和社会秩序，奠定曹魏立国基础。

曹丕（187—226），字子桓，曹操次子，三国时期魏朝的创建者，谥号“文皇帝”。

曹植（192—232），字子建，著名文学家，建安文学代表人物。生前曾为陈王，去世后谥号“思”，因此又称陈思王。

曹操画像

曹操：一代枭雄

东汉时期，沛国谯的曹氏家族非常显赫。曹腾是宦官，养子曹嵩在汉灵帝时官至太尉，掌管中央军事。曹操就出生在这样的家庭，从小受父亲曹嵩影响，聪明机警的他喜爱读书，还喜结交名士。

20岁时，曹操受州郡举荐，以“孝廉”为“郎”，授洛阳北部尉。在任期间，曹操赏罚分明，将洛阳治理得井井有条。后来，他参加镇压黄巾军，担任骠骑都尉，奋力破敌，表现无比忠勇，队伍日益壮大。

曹操为人有勇有谋。建安元年

（196），曹操迎汉献帝于许都，被封为大将军、武平侯。从此，曹操大权在握，挟天子以令诸侯。

为了汇集天下英才，曹操曾经颁布过三道《求贤令》。他在其中说："或不仁不孝，而有治国用兵之术，其各举所知，勿有所遗。"只要是"治国用兵之术"的人，他都重用，打破世族门第观念，唯才是举，从而扩大了取才范围。他知人善任，知道哪些人适合哪些职务，把每个人都放在合适的位置上。

当时各路诸侯中，袁绍是当时北方最强的一股势力，也是曹操统一北方最强的敌人。袁绍同样出生于显赫家庭。从袁绍曾祖袁安以下，四代位列三公，并且"门生故吏遍于天下"。袁绍取得冀、并、幽、青四州后，有军队数十万人。他挑选精兵十万、战马万匹，想一举消灭曹操。

建安五年，袁绍向曹操发动进攻。曹操当时实力比袁绍弱得多，袁绍大军来攻，许都震动。曹操安慰大家说："袁绍这个人志大而智小，色厉而胆薄，大家不要担心。"

这年四月，曹操以声东击西之计，击斩袁绍重要战将颜良。随后，两军对垒

曹操纪念馆

于官渡几个月。曹操听从谋士荀彧、许攸的建议，派兵袭烧袁军粮车，又亲率精锐人马奔袭袁军乌巢（今河南境），烧毁袁军所有粮食物资，大败袁军。这就是官渡之战，是中国古代战争史上以少胜多的著名战例，奠定了曹操统一北方的基础。

曹操在北方屯田，兴修水利，社会经济得到恢复和发展。随后，他兵锋南向，想一举鲸吞江东，一统天下。孙权、刘备两家在鲁肃和诸葛亮等人的努力下，组成联盟。周瑜用计火烧赤壁，曹军大败，曹操被迫从华容道撤回江陵。赤壁之战，为三国鼎立奠定了基础。

破黄巾，灭袁绍，平袁术，诛吕布，败张鲁，收刘表，这一切无不表现出曹操杰出的军事才能和高超的政治手腕。同时，曹操对文学、书法、音乐等亦有深厚的造诣。

留存下来的曹操诗歌为乐府诗体，语言多古朴质直，情调悲壮，直抒襟怀，激昂慷慨。像《薤露行》《蒿里行》《苦寒行》《步出夏门行》等，记录了时事，被誉为“汉末实录，真诗史也”。

当时社会长期处于战乱，各地文化摧残严重。正因为曹操的重视，东汉末年涌现出了一大批文学家，如曹丕、曹植、蔡文姬、邯郸淳等，还有建安七子（孔融、陈琳、王粲、徐干、阮瑀、应玚、刘桢），他们用自己的诗文直抒胸襟，或感叹现实沧桑，或抒发渴望建功立业的雄心壮志，掀起我国诗歌史上文人创作的第一个高潮。这时正是汉献帝建安年代。文学史上因之有了“建安文学”“建安风骨”之说。

曹丕画像

曹丕、曹植：建安文学中坚力量

作为曹操次子，曹丕吸取东汉末年纲纪紊乱的历史教训，迅速将权力集中在手，稳定政局。

延康元年（220）正月，曹操逝于洛阳，曹丕从邺城至洛阳继承丞相位，称魏王。随后，他通过征讨与谋略，逼汉献帝禅让，登基称帝，改元黄初，大赦天下。

曹丕在位期间，除了发展生产，还极力平定边患，击退鲜卑，和匈奴、氐、羌等修好，恢复汉朝在西域的设置。

曹丕从小接受良好教育，喜爱传统文化。他卓有才华，善于歌赋，在任期间，重视文教、礼乐，同时重视人才，黄初二年（221），下令人口十万以上的郡国每年察举孝廉一人，如有特别优秀的人才，可以不受户口限制。他的一系列举措，使封建正统文化得到复兴。

文学上，曹丕的诗歌形式多样，而以五、七言为长，与父亲曹操和弟曹植，并称“三曹”，存世有《魏文帝集》二卷。其诗细腻清越，缠绵悱恻。“别日何易会日难，山川悠远路漫漫。郁陶思君未敢言，寄声浮云往不还。”这是曹丕《燕歌行》中的诗句，写于曹操北征三郡乌桓期间，采用乐府体裁，开创性地以句句用韵的七言诗形式写作，从“思妇”的角度，反映了东汉末年战乱流离的现状，表达出被迫分离的男女的怨愤和惆怅。曹丕还著有《典论》，其中的《论文》是中国文学史上第一部系统的文学批评专论作品。

曹丕的同母弟弟曹植从小就聪明过人，10岁的时候，《诗经》《论语》及先秦两汉辞赋他背起来如溪流出涧，非常流畅。

曹植才思敏捷，脱口成章。加之他不注重衣着，简朴的性格深得提倡节俭的曹操喜爱。建安十五年，曹操在邺城铸就有名的铜雀台。他召集一批文士“登台为赋”，别人还在苦苦思索的时候，曹植略加思索，一挥而就，第一个交卷写成《登台赋》。从此，曹植声名大振。

曹植也具备军事才能。建安十六年秋，刚行冠礼的曹植慨然请缨西征。经过一年多的战争，结束西部一盘散沙的混乱局面，社会

曹植画像

得到安宁，曹植也因此被封为临淄侯。

相传，曹丕忌妒曹植才学，命他在七步之内作出一首诗，否则将被处死，诗的主题必须为兄弟之情，但不能出现兄弟字眼。曹植在七步之内便吟出：“煮豆持作羹，漉菽以为汁。萁在釜下燃，豆在釜中泣。本自同根生，相煎何太急？”这诗最早见于南朝刘义庆的《世说新语》。

31 岁时，曹植被封为鄄城王，写下著名的《洛神赋》。他通过描摹一位美丽多情的女神形象，来表现自己理想的破灭。

曹植诗以笔力雄健和词采华美见长，他的散文情兼雅怨，卓有成就，代表作有《七哀诗》《白马篇》《赠白马王彪》《门有万里客》等。南朝宋文学家谢灵运说：“天下才有一石，曹子建独占八斗。”《诗品》的作者钟嵘称赞他：“粲溢今古，卓尔不群。”曹植还擅长书法，章草《鹞雀赋》，是书法中的极品。

曹操公园

㉑ 包拯：铁面无私“包青天”

人物档案：

包拯（999—1062），字希仁，北宋庐州（今合肥肥东县）人。天圣五年（1027）进士。先后任工、刑、兵部员外郎，刑部和右司郎中等，终于礼部尚书、枢密副使任上。卒后谥孝肃。在任期间，提出一系列改革意见，以正直敢言、不畏强权、廉洁奉公闻名。

许多人来到合肥，都会带着崇仰之情前往包河公园。它位于合肥老一环南环外，因北宋清官包拯及其后裔遗存而得名。这里，有包公祠、包公墓，庄严肃穆，环境优美，是人们拜谒先贤、观赏游览的好去处。

古往今来，包拯被称为“包青天”“黑脸包公”，在民间和戏剧舞台上不断演绎，可谓无人不知，无人不晓，无人不赞。

历史上的包拯，既有政职、军职，亦有文职，还做过谏官。比起北宋同时期的名臣韩琦、范仲淹等，他的官职和政绩稍逊一筹，却能流芳百世，主要在于他的“忠君、孝仁、爱民、公正、廉明”。

包拯画像

包拯青少年时代，刻苦读书，29 岁时，考中进士，被授为大理评事，出任建昌县知县。因为父母亲年纪都大了，包拯辞官不去赴任。父母相继去世后，包拯就在双亲的墓旁筑起草庐，直到守丧期满，才接受调遣，就任天长知县。

包拯善于断案。任知县时，有一人报案说自家耕牛被割了舌头。包拯告诉他回去把牛杀了卖掉。隔了两天，有人来到县衙控告那个私宰耕牛的农民。包拯不动声色地听他说完，待这人说完正想离开时，包公说："且慢！既然来了，就把话说清楚，你为什么要割牛的舌头？"那人一听，目瞪口呆，只好如实供出作案的动机和经过。原来，这个人与牛的主人因琐事而发生争吵，怀恨在心，便偷偷把他家牛的舌头割了下来，以为这样一来，耕牛便不能吃草，牛的主人只好把牛杀死，他便可以违反不许宰杀耕牛的规定来控告牛的主人，不料被包公一眼识破。

包拯非常清廉。康定元年（1040），包拯出任端州（今广东肇庆）知州。当地出产一种名砚——端砚，乃是向朝廷进贡的物品。由于过去官吏大量贪污，每年进贡的端砚数不断增加，人民不堪重负。包拯上任后，下令只按规定数进贡，任何官员不得加码、贪污，一扫往日贪腐之风，从而减轻了人民的负担。他任期届满，连一方端砚也没有带走。

庆历三年（1043），包拯被调往开封，任监察御史。这期间，包拯对北宋的内政外交，提出过许多批评和改进的办法。包拯建议提拔"奋不顾身，孜孜于国"的"素有才能，公直廉明之人"。他不但七次弹劾“苛政暴敛”的转运使王逵，而且不畏风险，力主将皇帝的亲戚张尧佐免去要职。他主张方田均税，即丈量地主豪强的土地，防止他们漏税逃役。他还鼓励民间采矿炼铁，促进经济发展。

包拯还有军事思想，注重维护宋朝廷的尊严。一次，他在出使契丹后，立即将在辽国的所见所闻报告朝廷。他说，辽国在山西北部集结兵马，聚集粮草，其意图不可不防。他认为朝廷每年给契丹纳币来求和，这不是抵挡敌人的办法，而应当训练一支强大的军队，选任有谋略的将领，致力加强边境防务。

皇祐二年（1050），包拯被擢升为天章阁待制、知谏院。这期间，他几次

纪念包拯的包河公园

包河廉泉

指斥权幸大臣，请求废止一切宫廷内部的封官和私恩。他在开封府任职时，大开正门，凡是告状的，都可以进去直接见官，面陈案情，任何人不得阻拦刁难。他不畏权势，敢于顶着压力办案，在宋代不是容易的事。包拯迎难而上，以不怕身败名裂的勇气，使得“贵戚宦官为之敛手，闻者皆惮之”。京城里的人因此说：“疏不通关系，有阎罗王和包老头。”

包拯严峻正直，为人敦厚。他一生俭朴，即使是当了官，有了地位，衣食住行及生活习惯，也和普通老百姓差不多。包拯曾经写过一则家训，刻在家中壁上：“后世子孙仕宦，有犯赃滥者，不得放归本家；亡殁之后，不得葬于大茔之中。不从吾志，非吾子孙。”这体现了包拯不谋一家一族之利的高尚情操。

嘉祐七年（1062），包拯病逝于开封。仁宗皇帝到包拯家中向包拯最后一别，追认他为礼部尚书，赐谥“孝肃”。

千百年来，包拯作为不朽的清官形象和公平正义的化身，早已越过时空，融进了人们炽热的“包公情”，世代为人敬重。他写有《书端州郡斋壁》一诗：“清心为治本，直道是身谋。秀干终成栋，精钢不作钩。仓充鼠雀喜，草尽兔狐愁。史册有遗训，无贻来者羞。”正是他光明磊落一生的真实写照。

22 朱元璋：布衣天子

人物档案：

朱元璋（1328—1398），原名重八，字国瑞，濠州钟离（今安徽凤阳）人。出身贫民，起于行伍，覆灭元朝，建立大明王朝。

“说凤阳，道凤阳，凤阳本是个好地方，自从出了个朱皇帝，十年倒有九年荒。”许多人是从这花鼓唱词中知道了凤阳，知道了朱元璋。

凤阳县隶属滁州市，地处淮河中游南岸。这里出了明太祖朱元璋，留有许多明朝遗存。其中，明中都皇故城及明皇陵石刻为全国重点文物保护单位。

明皇陵是明太祖为其父母和兄嫂修建，位于凤阳县城南，主要建筑有皇城、享殿、砖城、殿宇、房舍、陵墓、石刻群等，虽非帝王之陵，但“宫阙殿宇、壮丽森严”，皇陵碑文都是明太祖亲撰，墓前的石雕也是艺术精品。

朱元璋画像

朱元璋出生于一个贫苦农民家庭，家族兄弟排行第八，故称朱重八。他自幼贫寒，入皇觉寺（位于凤阳城西门外）为僧。

25岁时，朱元璋参加郭子兴领导的红巾军，改名“朱元璋”。郭子兴很器重他，把养女马氏嫁给他。郭子兴死后，他统率军队。

在军师刘伯温及大将徐达、常遇春、胡大海等人的帮助下，朱元璋进军顺利。1355年,攻克和州、采石、太平。1356年,攻占南京,朱元璋称吴国公。1367年，朱元璋先后消灭陈友谅、张士诚的势力，命令徐达、常遇春率军25万，北进中原，得到人们的响应，先取山东，后进兵河南，夺取潼关，最后进兵大都，元顺帝仓皇北逃。

1368年正月，朱元璋于南京称帝，国号明，年号洪武，史称明太祖。他在位期间，吏治清明，百姓安居乐业，国库充盈，经济快速恢复，被历史学家称为“洪武之治”。

朱元璋重视法律制度建设，亲自参与制定《大明律》和《御制大诰》，《大明律》对贪腐的处理也开创了历史先河。驸马欧阳伦因贩卖私茶触犯法律，朱元璋为了维护法律权威将他赐死。朱文正是朱元璋的亲侄，也是开国功臣，但违法了，官职被废。除此之外，明太祖还制定官员考核制度，采取一些抑制豪强地主的措施。

为了加强中央集权，明太祖废除中书省，提高六部地位。经过改革，全国军、政、法大权都集于中央，最后由皇帝掌握。君主的皇权强化了，但政务也繁

明中都城遗址

重起来，他连吃饭也想着政务，每想到一事就写在纸上，别在衣服上。据说，有时他全身挂的都是纸。为了巩固统治，他杀功臣立威，铲除了胡惟庸、蓝玉、李善长等有功之人，并借机诛杀了一批江南豪强。

朱元璋出身农民，深知灾荒给农民造成的痛苦，多次减轻老百姓的赋役。他也十分爱惜民力，提倡节俭。他在登基即位的当月即告谕各府州县官员："天下初定，百姓财力俱困，譬犹初飞之鸟不可拔其羽，新植之木不可摇其根，要在安养生息之！"

除了刘伯温外，朱元璋还有一个谋臣朱升，休宁人，他曾向朱元璋建议"高筑墙、广积粮、缓称王"。因此，朱元璋一直重视农业生产，鼓励开垦荒地，兴修水利。他采取强制手段，把人多地少地区的农民迁往地广人稀的地区。当时江淮地区因为长期战乱，人口锐减。朝廷下令移民，其中江西的许多百姓在"瓦屑坝"集中，移往安徽、四川、湖北等地。后来，安徽许多望族，都是于这一时期移民而来。

明太祖对手工业和商业也很重视。明朝前期有官营和私营两种手工业生产组织，建立了匠户匠籍制度，工匠分轮班匠和住坐匠两种，工匠们有了较多的人身自由，从而提高了生产积极性。

㉓ 左光斗：明朝“铁面御史”

人物档案：

左光斗（1575—1625），字共之，一作遗直、拱之，号浮丘，又号苍屿。先世为安庆府桐城县东乡（今枞阳县横埠镇）人，其父左出颖移居桐城县城。累官至左佥都御史，“万历六君子”之一。代表作有《左忠毅公集》。

左光斗画像

桐城市府广场旁有个北大街，呈弧形，是条宽四五米的老街。这里有左忠毅公祠与啖椒堂。祠为三进，青砖小瓦、门石相对，前、中、后三进均为木结构建筑，中进是大殿。啖椒堂是左光斗的故居，三进式老式建筑。

万历三年（1575），一个孩子出生在桐城东乡。这夜明月高悬，夜色如昼。孩子父亲左出颖，耕读传家，乡人尊称他为左太公，他望望月亮，说：“天上明月大如斗，这孩子就叫光斗吧！”

左太公很重视孩子的读书和道德修养。每晚临睡之前，左光斗都要朗读一篇忠孝传记。考中进士之后，他矢志清廉，在官邸写下一副对联：“俸薄俭常足，官卑清自尊。”

万历四十七年，左光斗被举任为浙江道监察御史。当时，明神宗几乎不上朝，辽东吃紧。左光斗多次上疏，虽未获理睬，却因清直敢言名重海内。第二年春，他巡视京城，缴获假印70多枚，查出假官100多人，因磊落刚直被誉为“铁面御史”。

朝廷曾任命左光斗负责屯田事务，他研习水利，因天时、地利、人情而疏浚沟渠、开设塘陂、修筑堤坝，鼓励军民屯垦。京都出现了水利便捷、遍地水稻丰收的景象。

万历二十二年，顾宪成修复东林书院，左光斗是东林党领袖之一。他和杨涟齐心协力，排除宦官干扰，因此，朝野并称二人为“杨左”。明熹宗继位后，左光斗担任左佥都御史，负责监察百官，他的政治生涯也达到辉煌时期。

当时，东林党与宦党水火不容。左光斗因上疏弹劾魏忠贤，被权势很大的魏忠贤以“大不敬”为由矫旨革职为民。左光斗为官十八年两袖清风，回乡时囊空如洗。天启五年（1625），魏忠贤下令锦衣卫逮捕左光斗。左光斗被捕时，桐城父老乡亲哭声一片，纷纷求情，左光斗却不肯低头。在狱中，他遭严刑拷打，终不屈服，被杀于狱中。直到崇祯皇帝继位，逮捕魏忠贤，左光斗才得以平反。南明福王时，追谥为忠毅，世称左忠毅公。

左光斗倡导设立“武学”和“屯学”，为国家储备能征善战的人才，为国库储备增加收入的田亩。左光斗在任学政时，到京城地区微服私访，在古寺见到一个书生伏案而卧。他拿起书生写好的草稿读后，便脱下自己的外衣给书生盖上，并替他关好门。左光斗从寺僧那里打听出书生叫史可法，对夫人说：“吾诸儿碌碌，他日继吾志事，惟此生耳。”

后来，史可法听说左光斗被关进牢里受了炮烙之刑，前去探望。他看到左

左光斗故居

左光斗故居陈列室

光斗靠墙坐着，脸已经烂得认不出来了，小腿上露出血淋淋的骨头。史可法跪下哭了起来。左光斗听见声音，知道是史可法，可是眼睛睁不开，就用手扒开眼皮喝道："快走！不走我就打死你！"这件事永远铭刻在史可法的心中，他后来表现出的铮铮铁骨，可以说很大程度上是左光斗铸造的。

左光斗墓位于桐城市吕亭镇双龙村的"左家大墓山"。墓地面向桃花寨，面积为 16 平方米，冢碑上镌刻："皇明太子少保都察院右副都御史谥忠毅公左公之墓。"

24 张英、张廷玉：父子宰相

人物档案：

张英（1637—1708），字敦复，又字梦敦，号乐圃，又号倦圃翁，桐城人。清朝著名的大臣，官至文华殿大学士兼礼部尚书，担任皇太子师傅。

张廷玉（1672—1755），字衡臣，号砚斋，张英次子。前后做了康熙、雍正和乾隆三朝皇帝的重要大臣。死后谥号“文和”，配享太庙。

让出六尺巷的张英

“我家两堵墙，前后百米长。德义中间走，礼让站两旁。”2016 年歌曲《六尺巷》登上中央电视台春节联欢晚会舞台，桐城六尺巷再度进入公众视野。六尺巷与清朝著名的大臣张英有关。

张英浮雕像

张英为桐城张氏家族的九世祖，较早走上仕途之人是六世祖张淳。张淳于明隆庆二年（1568）考取进士，官至陕西临巩道参政。他善于断案，为人清正，事迹被载入《明史·循吏列传》。

到张英、张廷玉这两代时，张氏家族不仅在官阶品级上达到桐城历史上的最高峰，还在更重要的修身之道和为官之德层面留名青史。

康熙皇帝在皇宫里专门开设了“南书房”，从翰林官员中精心挑选德才双全的人，随时为皇帝解决疑难问题。他最初选中了两个人，一个是高士奇，另一个就是张英。

康熙皇帝赏识高士奇是因为他会读书，学识很丰富；康熙皇帝赏识张英则是因为他不仅仅满腹经纶，而且品学兼优。

张英在南书房入值的时候，不仅和康熙谈古论今，讨论治国方略，还为康熙皇帝起草“特颁诏旨”，深得皇帝信任和重用。渐渐地，南书房成为康熙皇帝的机要秘书处，再后来，成了康熙王朝的国务决策中心。

康熙皇帝繁忙时，张英从早到晚都在南书房值班，侍伴皇帝左右，还承担“总督南书房”之责，成为宰相，为康熙皇帝所倚重。

张英胸怀宽大。他在家乡桐城街上有一个老宅子，对面居住着吴家，也是当地的大户人家。张家和吴家之间有一块空地，平常有人行走就成了一条小路。吴家人丁兴旺，宅子住不下了，就打算加盖房子。一天，张家人发现吴家人在空地上挖地基，就出面制止。双方将官司打到县衙。县官哪一边也不敢得罪，只好采取拖的办法。

张家人写了一封书信派人快马加鞭送到京城向张英求救。十几天后，张家人收到张英亲笔写的一首诗：“一纸书来只为墙，让他三尺又何妨？长城万里今犹在，不见当年秦始皇。”读完，张家人豁然开朗，立刻向后退让了三尺。

吴家见了张家人的行为，深受感动，也让出三尺，形成了一个六尺宽的巷子。历经300多年，这条巷子依旧存在，走过路过的人们都会赞一声大度的张宰相。

张英告老还乡后，用康熙皇帝赐的黄金在乡下置办良田十来亩，盖了八九间房子，起名为“赐金园”，他将京城的繁华完全抛到脑后，融入乡野，心满意足。康熙皇帝素知他心意，曾为他题过一副对联：“白鸟忘机，看天外云舒云卷；青山不老，任庭前花落花开。”

三朝皇帝都重用的张廷玉

张廷玉是张英次子。他侍奉三朝皇帝，深受信任和重用。

康熙皇帝在位时，张廷玉就入值南书房，是他的心腹大臣。雍正皇帝继承帝位后，也看中了张廷玉，加以重用。康雍政权交替之时，政务繁忙，皇帝每天下旨数十道，都由张廷玉承办。于是，雍正皇帝让张廷玉复进入南书房，还任命他为皇子师。

乾隆皇帝即位后，依旧重用张廷玉，再次命他为皇子师，仍兼管翰林院事务。乾隆皇帝每逢外出，张廷玉总是留在京城总理朝政，并典试科举，选拔人才，考察荐举官吏，是名副其实的权臣。

张廷玉虽政务繁重，但因有学问有德行，还任编纂《清圣祖实录》《明史》

张廷玉墓园

六尺巷

《大清会典》《皇清文颖》《清世宗实录》《玉牒》等重要典籍的总裁官。

张廷玉为人性情宽厚，但是，对那些偷奸耍滑的官吏却一点也不客气。他主管吏部时，一个老奸巨猾的官吏，人称“张老虎”，屡屡触犯法规，张廷玉顶住各种压力加以严惩。人们都称张廷玉为“伏虎侍郎”。

张廷玉不但对官吏要求严格，对自己也从严要求。他曾担任过三任会试同考官，入闱之前，他坚决摒绝送礼，考试完毕门生来谢时，他同样不收礼。

张廷玉长子张若霭殿试得了一甲第三名，也就是探花郎。在别人看来这是求之不得的天大好事，张廷玉却来到雍正皇帝面前跪下，请求将探花的名额给天下平民英才。雍正皇帝被张廷玉的大度胸怀感动，将探花郎名额给了一个平民学子，张若霭降级任用。

可以说，父亲张英让地，让出大度，让出来六尺巷；儿子张廷玉让探花郎，让出了胸怀，让出了见识。

这个家族弦歌不绝，人才蔚兴。张英四个儿子、四个孙子和一个曾孙相继考中进士，并且都曾进入翰林院，建立了“父子大学士”“三世得谥”“四世江苏学政”“五朝金榜题名”“六代翰林”等显绩，传为佳话。

张英家风端正，有口皆碑。“读书者不贱，守田者不饥，积德者不倾，择交者不败。”这二十字，即张氏家训。

25 李鸿章：大清国的“裱糊匠”

人物档案：

李鸿章（1823—1901），清庐州府（今合肥磨店）人。淮军、北洋水师创始人和统帅，洋务运动领袖、晚清重臣。官至文华殿大学士、北洋通商大臣、直隶总督，与曾国藩、张之洞、左宗棠并称为“中兴四大名臣”。死后追赠太傅，晋一等肃毅侯，谥文忠。著作有《李文忠公全集》。

在合肥淮河路步行街上，有一处建筑很是引人瞩目，青砖黛瓦，布局整齐，结构严谨，这就是李府。其前厅用大量珍贵图片与实物展示了李鸿章“少年科举，壮年戎马，中年封疆，晚年洋务”风云变幻的一生，中厅和小姐楼则采用复原陈列的形式展现了李家接待客人和家眷们的日常起居情况。

李鸿章照片

李鸿章的父亲李文安，为清道光十八年（1838）进士。李文安与曾国藩同年登科有私交，令其子李瀚章、李鸿章拜曾国藩为师。这位湘军领袖对李鸿章家族的崛起，发挥了重要的引路人作用。

李鸿章兄弟姐妹八人，李鸿章排行老二，故民间又称“李二先生”。他谱名章铜，六岁时进入家馆学习，先后拜堂伯李仿仙和合肥名士徐子苓为师，攻读经史，打下扎实的学问功底。

道光二十三年，任京官的父亲函催李鸿章入京，准备来年顺天府乡试。李鸿章毅然北上，并作《入都》诗10首，以抒发胸怀，其中有“一万年来谁著史，三千

李鸿章与家人

里外欲封侯”一句，气势豪迈。

李鸿章考取进士后，适逢太平军起义，他在创办团练、镇压太平军中成长。作为淮军、北洋水师创始人和统帅，洋务运动领袖，李鸿章官至直隶总督兼北洋通商大臣，授文华殿大学士，与曾国藩、张之洞、左宗棠并称为“中兴四大名臣”。日本首相伊藤博文视其为“大清帝国中唯一有能耐可和世界列强一争长短之人”，慈禧太后视其为“再造玄黄之人”。

李鸿章一生虽尽力维持大清的国运，洋务图强，无奈国家羸弱，受尽屈辱。尤其是他苦心经营的北洋水师，在甲午中日战争中溃不成军，造成了大清国割地赔款的被动局面。他代表清政府签订了《越南条约》《马关条约》《中法简明条约》《辛丑条约》等一系列不平等条约，留下了骂名。他无奈地称自己是大清国的“裱糊匠”。李鸿章去世后，梁启超为他所处的境地感到无尽悲恸，痛述“敬李鸿章之才”，“惜李鸿章之识”，“悲李鸿章之遇”。

从李文安算起，李鸿章家族200年间繁衍了8代人。在第2代和第3代人中，仅总督就有3人，即李鸿章的哥哥、两广总督李瀚章，弟弟李鹤章之子、云贵总督李经羲，以及直隶总督兼北洋大臣李鸿章；其后代在晚清出任道员、按察使、盐运使、赏戴花翎者，以及获赠朝议大夫、奉政大夫、资政大夫、荣禄大夫、武功将军等头衔者，共达68次，计153人。

李家最盛时期，有良田250多万亩。这些土地，李府采取“万亩建仓”的办法，委托亲朋好友直接管理。现已知李家仅在合肥、芜湖、肥西、无为、六安、霍山、庐江、舒城等地建立的仓房就有几十个。

1862年，李鸿章带领淮军镇守上海滩，在朝廷的支持下，开始大办洋务，中国近代工业许多“第一”也在这时诞生。在他的带动下，他的儿子经方、经述、经迈以及他5个兄弟的众多子孙都投身洋务，陆续来到上海和北京、天津，开工厂、办外交、举商务、设银行、搞运输，广置房地产，并从事股票交易。抗战中，李家又有不少人跑到美国、新加坡等地谋发展，出了很多成功的大企业家，如将企业从香港开到非洲的李家昶、李家景，纵横新加坡商界的李家曙，等等。近几十年，李家又涌现出一批大专家，如著名桥梁专家李家咸、建筑学家李道增，等等。

李鸿章一生，将合肥东乡一个耕读之家，带出乡野，走向海外，成为声名赫赫的晚清第一豪门；将一群合肥四乡团练组成的乌合之众，训练成横扫大清国土的近代化军队；以他为首的淮系军阀集团，出任各州省主要官员者达1300多人。

作为晚清重臣、大清王朝的支柱，李鸿章在政治、军事、外交、教育、治家等方面确有值得研究之处。

位于合肥淮河路的李府

26 段祺瑞：皖系军阀首领

人物档案：

段祺瑞（1865—1936），字芝泉，曾用名启瑞，晚年号称“正道老人”，生于合肥，被称为“段合肥”。皖系军阀首领，曾四任总理，四任陆军总长，一任参谋总长，一任国家元首。

段祺瑞照片

在许多老人记忆里，合肥淮河路上还有一座段家祠堂，共占地13多公顷，三进九大间，琉璃瓦、风火墙、飞檐斗拱、雕梁画栋，大厅高悬“百世其昌”“再造共和”等匾额。其倡导建造者段芝贵曾任京畿警备司令、陆军总长，地位次于段祺瑞。不幸的是，1974年，段家祠堂毁于一场大火。

祠堂内“再造共和”匾额所称颂的是段祺瑞。段祺瑞兄弟三人，他排行老大，属于“启”字辈，后改“启”为“祺”。

清光绪十一年（1885），李鸿章创办北洋武备学堂，段祺瑞以优异成绩考入武备学堂，成为第一期预备生，他聪明、勤奋，深受李鸿章的器重。两年后，他以“最优等”成绩从天津武备学堂炮科毕业，被派往旅顺督建炮台。

光绪十四年，段祺瑞以第一名的成绩被派到德国留学。回国后，段祺瑞被调往天津小站，成为袁世凯的得力助手。

光绪二十七年，袁世凯将义女张佩蘅（江西巡抚张芾之孙女）嫁与段祺瑞为继室，成为袁世凯义女婿后，段祺瑞一路飞黄腾达。1911年10月10日，武昌起义爆发，袁世凯急令段祺瑞为第一军统领兼湖广总督。

段祺瑞深知中国的落后源于集权腐败的家天下统治，在讨伐革命军后，他联名握有重兵的46名将领，致电清廷立定共和政体。1912年2月12日，隆裕太后宣布清帝退位。因此人们称段祺瑞“一造共和”。

合肥娘娘池，位于寿春路与六安路交汇处的工大北区校园内。传当初是段祺瑞家的后花园，段祺瑞的夫人曾在此招待北洋军阀的太太们

1915年，段祺瑞反对袁世凯称帝。袁世凯死后，他推举黎元洪任大总统，平息了南方革命军的反对声音，恢复国会和《临时约法》。这被称为“二造共和”。

1917年6月，张勋复辟。段祺瑞发表讨伐张勋檄文，攻入北京，赶走张勋，恢复共和。冯国璋任总统，段祺瑞任总理。人称“三造共和”。

段祺瑞在历史上留下不光彩的一页是“三一八惨案”。1926年3月12日，日本帝国军舰进入大沽口，向国民军进行挑衅，后又纠合英、美、法等八国公使向中国发出最后通牒。3月18日，李大钊领导北京10万群众、200多个社会团体，在天安门举行反对八国最后通牒示威大会。段祺瑞政府下令开枪，当场打死47人，打伤200多人。据说，段祺瑞因此终生忏悔。

1932年，华北形势紧张后，蒋介石派人执亲笔信，劝段祺瑞南下上海。蒋介石是段祺瑞主持保定陆军学堂时的学生，那个时候蒋介石还叫蒋志清。鉴于段祺瑞在中国政坛的地位，日本人正在对他软硬兼施，诱使他投敌当汉奸，策动华北五省所谓的自治。如果段祺瑞上了日本人的当，华北局势将一发不可收拾。段祺瑞立即南下，随后赴上海居住。

段祺瑞在上海住的是学生、原国民党安徽省政府主席陈调元的房子。段祺瑞一生不置房产，他在北京住的是公房，退下来后到天津，借学生魏海楼的房子住。相关史料称他一生清廉，人称“六不总理”，即不抽、不喝、不嫖、不赌、不贪、不占，靠工资生活。

1936年，段祺瑞因病去世，留下是非功过，任后人评说。

27 柏文蔚：民主革命先驱者

人物档案：

柏文蔚（1876—1947），字烈武，安徽寿县人。与孙中山、黄兴、李烈钧一起被誉为“辛亥革命四杰”。中华民国元勋，著名爱国将领。全国政协原副主席屈武称他是“民主革命先驱”。

安庆市沿江西路，有一座焚烟亭，依堤傍水，红柱黄瓦，画枋飞檐，亭台周围的石碑、假山、焚烟浮雕、园林错落有致。其中假山基座石碑上刻有《焚烟亭记》一文，记述了民国初年安庆焚烟的经过。

这座焚烟亭是孙中山来安庆时，赞扬安庆人民焚毁帝国主义分子贩运鸦片之

安庆江边的焚烟亭

柏文蔚照片

壮举的历史见证。时间回溯到1912年9月的一天，安庆警方在一艘英国商船上查获偷运进安庆的印度鸦片，当时价值160万元。担任安徽都督的柏文蔚立即下令将鸦片全部没收，在省都督府门前全部和盐焚毁。当时万余人观看，鼓掌称快。他又明令私种烟苗二十株以上者枪毙，震动全省。从此烟苗绝迹，百姓叫好。

柏文蔚出生在寿县南乡柏家寨，世代书香门第，幼年习读《山海经》《尔雅》等。他从小就显露出不同常人的文韬武略，充满正义感和报国之心。

辛亥革命前夕，柏文蔚进入安庆武备练军学堂充当学兵。他和陈独秀等一帮志同道合的同学在芜湖组织岳王会等秘密反清组织，任岳王会南京分会会长，积极从事革命活动。后率领南京岳王会分会全体会员加入孙中山领导的同盟会。按照孙中山的指示，柏文蔚、赵声等密议谋炸两江总督端方，由于泄密而未能成功。为逃避追捕，他只身前往东北。

武昌起义爆发后，柏文蔚受命到南京联络第九镇新军起义，光复南京。他与同盟会负责人凌毅、李华侬等商讨起义方案，艰辛地奔走于沪宁之间；为了安全起见，他带着敢死队员，用毛毯、被褥将武器包裹起来，偷偷运到南京。战斗打响后，柏文蔚一马当先，率领先锋营攻占浦口，拿下天堡城。清军仓皇北逃。

光复南京，为中华民国的建立奠定了基础。柏文蔚因此得到孙中山的信赖，成为他左膀右臂。柏文蔚所领导的部队扩编为革命军第一军，柏文蔚任军长兼北伐联军总指挥，随后奉命率部北伐，势如破竹。

1912年南北议和后，柏文蔚奉命入皖促成统一，出任安徽都督兼民政长。督皖期间，他制定和颁布了一系列法令、政策，推进资产阶级民主政治，在发展教育、实业、交通等方面，做出了很大努力。他清正廉洁，兴利除弊，查封鸦片烟馆，严惩毒贩，很得民心。在当时，民间流传着“小补不小补，安庆有个柏烈武”的说法，称赞柏文蔚穿着补丁衣服，却脚踏实地为建立民主、共和的社会而努力。

1913 年，孙中山发动二次革命，讨伐袁世凯。柏文蔚积极响应，组织安徽讨袁军，任司令。事败后流亡日本。1924 年，柏文蔚协助孙中山改组国民党，推动第一次国共合作，任国民党中央执行委员。北伐战争时期曾回淮上组建国民革命军第 33 军，任军长。1927 年，“四一二”反革命政变后，柏文蔚因从事反对蒋介石的活动被免去军内职务。1931 年 9 月，日本入侵东北，柏文蔚猛烈抨击国民党当局“先安内后攘外”的反动政策，并联络冯玉祥、方振武等抗日将领，为不受外侮，竭尽全力奔走呼号。柏文蔚一身正气，却遭到了蒋介石的疑忌，幸而得到国民党元老于右任的保护，才幸免于难。

1937 年，卢沟桥事变后，柏文蔚数次请缨抗日均不获准。1947 年，他登报申明辞去国民党中央执行委员和国民政府委员等职，以示同蒋介石独裁政府决裂之意。

柏文蔚一生，不畏艰险，追求真理，捍卫正义，不愧是八公山下走出的奇男儿。

28 陈独秀：中国共产党主要创始人

人物档案：

陈独秀（1879—1942），原名庆同，字仲甫，安徽怀宁人。新文化运动的旗手，五四运动的总司令、中国共产党创始人之一和早期主要领导人。

陈独秀照片

安庆市十里铺，有一占地面积 1.37 平方千米的独秀园，是以陈独秀墓为核心的大型人文景观。这里已成为兼有纪念、教育、游览、生态、研究等多种功能的富有鲜明地方特色的名胜区，成为国家级重要人文景观、红色旅游基地、光荣革命传统教育基地和陈独秀思想研究基地。

陈独秀早年考中晚清秀才。1897 年，入杭州中西求是书院学习，开始接受近代西方思想文化。后因有反清言论被书院开除。1901 年，因为开展反清宣传活动，受清政府通缉，从安庆逃亡日本，入东京高等师范学校速成科学习。1903 年回国以后，组织安徽爱国会，发起安庆藏书楼爱国演说；在芜湖创办《安徽俗话报》，宣传革命思想；组织反清秘密革命组织岳王会，任总会长。

1911 年辛亥革命后，陈独秀受聘担任安徽省都督府秘书长。1913 年，陈独秀参加讨伐袁世凯的二次革命，失败后被捕入狱；出狱后第三次到日本，帮助章士钊创办《甲寅》杂志。

1915 年 9 月，陈独秀在上海创办并主编《青年》杂志（一年后改名《新青年》），揭开了新文化运动的序幕。《新青年》倡导民主与科学，批判孔孟，倡导自由，在文化界产生重大影响。1917 年以后，陈独秀受聘担任北京大学文科学长，致力于文科改革，积极传播欧美新思想新文化。他与李大钊等创办《新青年》副刊《每周评论》。他以北京大学为主要阵地，宣传马克思主义，反对封建的旧思想、旧文化、旧礼教，成为新文化运动的旗手和主要领导人之一。

1919 年 5 月，陈独秀参与领导北京五四爱国学生运动，毛泽东称其为五四运动总司令。6 月，他因起草和散发《北京市民宣言》传单被捕，9 月获释。1920 年初，陈独秀与李大钊开始酝酿在中国建立共产党组织，史称“南陈北李，相约建党”。不久，陈独秀迁居上海，在共产国际的帮助下，发起成立中国第一个共产党早期组织——上海共产党发起组，任书记；同时，指导和推动其他各地建立共产党早期组织。

1921 年 7 月，中共第一次全国代表大会在上海召开，标志着中国共产党正式成立。陈独秀作为主要创始人之一，在缺席的情况下仍被选为中央局书记。从中共一大到五大，陈独秀先后担任中央局书记、中央局执行委员会委员长、中央总书记等职务，是中国共产党早期的主要领导人。在陈独秀和中国共产党的推动下，第一次国共合作正式建立，在全国掀起了声势浩大的反帝反封建的大革命运动。

在大革命后期，陈独秀在指导思想上犯了右倾错误，放弃对革命武装力量的领导权，导致在蒋介石发动“四一二”反革命政变时措手不及，共产党员和革命群众遭到血腥屠杀，大革命失败。

1927 年 7 月，中共中央政治局改组，陈独秀离开中央领导岗位。此后，他接受托派观点，在党内组织“左派反对派”。1929 年 11 月，陈独秀被开除党籍。1932 年 10 月，陈独秀在上海被国民党政府逮捕，判刑后囚禁于南京。全面抗战爆发后，于 1937 年 8 月出狱。出狱后，他积极参加抗日宣传活动。先后客居武汉、重庆、四川江津，生活拮据，但拒不接受国民党政府的资助。1942 年 5 月 27 日，陈独秀在贫病交加中逝世。

安庆市临江边曾有陈独秀故居（今安庆市迎江区建设路街道南水关街 28 号）。陈独秀长子陈延年、次子陈乔年曾在这里生活、读书。1919 年 12 月，在五四爱国运动的影响下，为了寻求救国救民的真理，陈延年和陈乔年一同赴法勤

安庆陈独秀文化园

工俭学，与赵世炎、周恩来一起创建旅欧共产主义组织——中国少年共产党。1923年4月，他们又被派往苏联莫斯科东方劳动者共产主义大学学习，系统学习马克思主义和俄国革命经验。回国后，他们在血雨腥风中开展革命工作，曾分别担任中共江苏省委书记、中共江苏省委（兼上海市委）组织部长。1927年4月，在党的第五次全国代表大会上，陈延年和陈乔年当选为中央委员。两个月后，陈延年遭国民党军警逮捕，面对酷刑，他宁死不屈，被刽子手以乱刀砍死。一年后，陈乔年也因叛徒告密在上海被捕，同年6月6日牺牲在上海枫林桥畔。

㉙ 王步文：中共安徽省委首任书记

人物档案：

王步文（1898—1931），字伟模，曾化名朱华、王华、王自平，安徽潜山县资福寺（今岳西县汤池）人。安徽早期学生运动领导人之一，中共安徽省委首任书记。

王步文照片

地处大别山区的岳西，山清水秀。距离县城9000米处的温泉镇有王步文故居，坐北朝南，砖木结构，前后两幢，跨院联结，门楣上有王步文亲笔书写的“书园”二字。这里景致优美，四周小丘环抱，松竹常青。故居大门前有一口弦月形的水塘，波光粼粼，青草蔓生。

王步文6岁进入私塾学习，20岁时凭借优异成绩考入安庆省立第一师范学校。1919年五四运动爆发，王步文积极联络安庆各校学生开展声援活动，和周新民等人举行3000多名学生参加的示威游行；积极参加抵制日货活动，将收缴来的日货集中在安庆黄家操场，召开了数万群众参加的焚毁日货大会。当月，王步文当选为安徽省学生联合会副会长。

1920年秋，王步文考入安庆六邑中学。1921年4月，王步文与舒传贤等人发起成立安徽省最早的社会主义青年团组织。安庆“六二学潮”后，王步文带领六邑中学学生参加反对安徽军阀削减教育经费的请愿活动，又与舒传贤等人组织领导了反对第三届省议会贿选、驱逐反动省长李兆珍等一系列斗争；还以省学联代表的身份赶到芜湖，和薛卓汉等人一起组织芜湖黄包车工人的罢工斗争。

1923年10月，王步文加入中国共产党。同年冬，安徽第一个城市党组织中共安庆支部成立，王步文是重要成员，负责组织工作。不久，王步文遭地方反动当局通缉，潜往上海，进入上海大学社会系学习。1925年6月，他赴日本留学，任中共东京特别支部委员。

1927年二三月间，王步文奉调回到上海，担任上海总工会青年部部长，参加了上海工人第三次武装起义。“四一二”反革命政变后，王步文参与组织成立中共安徽省临时委员会，任委员兼管组织工作；建立中共怀宁中心县委，兼任书记，领导安庆、桐城、庐江、潜山、太湖、宿松、望江等地党的活动和革命斗争。

1929年3月至9月，王步文以中共中央巡视员身份，到桐城、庐江、六安、霍山、芜湖一带巡视工作。1931年2月15日，中共安徽省委在芜湖成立，王步文任代理省委书记兼宣传委员；3月，任省委书记。此后一个星期里，王步文连续主持召开三次常委会，研究部署全省党的工作，还向皖西、皖北、皖南派出巡视员巡视指导工作。

4月6日，由于叛徒告密，王步文在芜湖柳春园楼上主持省委工作会议时被捕，被解往省城安庆饮马塘监狱关押。国民党安徽省主席陈调元亲自出面，以高官厚禄相拉拢，被王步文严词拒绝。敌人施用种种酷刑，王步文坚贞不屈。在接到上海明日书店出版自己编纂的《社会运动辞典》一书稿费后，他向爱人方启坤交代说：“当（‘党’字谐音）用则用，家里少用，特别要帮助穷苦兄弟（受难同志）解决困难。”

5月31日，王步文被执行死刑。临刑前一小时，他给爱人写下亲笔信：“复苏爱妻：我为革命死了，你不要悲哀，不要难过，应抚养爱生，以继予志。”又从容挥毫写下绝句：“唯大英雄能本色，是真君子自风流。”

30 王稼祥：中共早期卓越领导人

人物档案：

王稼祥（1906—1974），原名嘉祥，又名稼啬，安徽泾县人。忠诚的马克思主义者，杰出的无产阶级革命家。

王稼祥照片

泾县厚岸乡，是王稼祥出生和少年生活的地方。这里群山环绕，烟树茫茫，小桥流水，绿竹掩映，景色秀丽。

王稼祥从小好学善思。他爱憎分明，疾恶如仇。进入芜湖圣雅阁中学后，他的思想越发倾向进步，逐渐走上革命道路。1925 年 11 月，赴苏联莫斯科东方大学学习。1928 年 2 月，加入中国共产党。1930 年回国后，任中共中央宣传部干事、中央党报委员会秘书长和《红旗》《实话》报刊总编辑。

1931 年 4 月，王稼祥作为中共中央代表，被派往江西中央苏区工作。此后，他曾任中共苏区中央局委员、中国工农红军总政治部主任、中央革命军事委员会副主席等职，参与领导中央苏区第二至四次反"围剿"斗争，与毛泽东、周恩来、朱德一起，成为中国工农红军的重要领导人。

1934 年 10 月，王稼祥参加中央红军长征。长征途中，他较早认识到党内"左"倾路线导致中央红军第五次反"围剿"失利和长征初期的被动局面，提议召开会议改变错误领导。在 1935 年 1 月的遵义会议上，他投了毛泽东关键一票，对于确立毛泽东在党和红军中的领导地位发挥了重要作用。会后，王稼祥被增选为

王稼祥故居

中央政治局委员，同毛泽东、周恩来组成三人军事小组，指挥红军的行动。

1936 年 11 月，王稼祥因伤病严重赴苏联治疗。次年 11 月，王稼祥任中共驻共产国际代表。他极力宣传以毛泽东为代表的中共中央关于抗战的一系列正确的路线方针政策，对取得共产国际的理解和支持起了积极作用。1938 年 8 月，王稼祥回到延安参加中共六届六中全会，带回了共产国际支持毛泽东的重要指示，对维护和巩固毛泽东在全党全军的领导地位发挥了关键作用。会后，王稼祥担任中共中央军委副主席、总政治部主任兼八路军政治部代主任，负责中央军委日常工作，成为以毛泽东为代表的中共中央领导集体的重要成员。1942 年，他参加延安整风运动。1943 年 7 月，他首次提出“毛泽东思想”的科学概念，对于把“毛泽东思想”确定为党的指导思想做出了重要贡献。

中华人民共和国成立后，王稼祥首任驻苏联大使，后兼任外交部副部长。出使期间，王稼祥参与了毛泽东访苏、中苏会谈的全过程，参与了《中苏友好同盟互助条约》的拟定。

1951 年 2 月，王稼祥出任中共中央对外联络部部长。1956 年 9 月，王稼祥在中共八大上当选为中央委员，八届一中全会上当选为中央书记处书记。“文化大革命”中，王稼祥遭到错误批判和迫害，身心受到严重摧残。1974 年 1 月，王稼祥在北京病逝。

1979 年 3 月，王稼祥的问题得到平反。1981 年，在庆祝中国共产党成立 60 周年大会上，中共中央将王稼祥列为建党以来卓越领导人之一。

泾县厚岸乡有王稼祥故居，是一座普通的皖南民居。王稼祥纪念园坐落在芜湖风景秀丽的狮子山上，西临长江，东望赭山。这里是王稼祥曾经就读的芜湖圣雅阁中学旧址。

百战将星

自古皖楚多俊才。千百年来，一批将帅之才，戎马倥偬，卫国护疆。

秦汉至南北朝时期，天下纷争，中原逐鹿，范增、周瑜等人，以卓越的军事才能彪炳史册；元末农民战争，朱元璋带领常遇春、胡大海等一批安徽将领，奔走征战，结束社会动荡；晚清时期，一大批淮军将领在李鸿章的带领下建功立业。

为了共和国的建立，更有无数安徽人胸怀救国救民使命，高举赤色战旗，守卫着家园，壮美着河山。

31 范增：“亚父”级的谋士

人物档案：

范增（前277—前204），居鄛（今巢湖西南，一说桐城南）人。秦末农民战争中为项羽主要谋士，被项羽尊为“亚父”，主要功绩是辅佐项羽建立西楚政权。

范增画像

今天，在巢湖地区常能听到两个词语：一个是“旗鼓相当”，另一个是“鼓打旗摇凤点头”。这两个词语里面都含有两座山的名字，那就是“旗山”“鼓山”，这两座山都在巢湖市东郊。

旗山又叫“亚父山”，与旗山相对有一山状似巨鼓，名曰“鼓山”，两山相对，故称“旗鼓相当”。在旗山、鼓山之西，还有一座形似凤凰的小山，故取名“凤凰山”。民间说，三山聚首，鼓动旗摇。

亚父山脚下，有个亚父村，村里至今尚存“亚父井”。鼓山的半山腰有范增塑像，山顶建有“亚父亭”。清康熙《巢县志》有载，过去亚父山有范增祠堂，在宋朝、明朝时期作为官府县衙办公场所。

范增从小喜欢研究奇妙的计谋。他少年时师从楚国大夫屈原族弟屈斗，后入楚令尹春申君黄歇门下为客。他一直在等待，等待可以贡献自己智慧的机会。

秦统一六国后，横征暴敛，百姓生活艰难，各地爆发农民起义，各路豪杰也纷纷并起。范增听说有一个叫作项梁的楚国将军，是反秦斗争主力，决定去投奔项梁。

这时的范增已经年过六旬。见到项梁时，他分析陈胜失败的原因，提出“楚虽三户，亡秦必楚”，建议充分利用楚国反秦力量，扶持楚王后裔为王。

项梁接受了范增的提议，他们拥立楚怀王。果然，义军的势力迅速壮大。项梁去世后，范增继续辅佐他的侄子项羽，定下破釜沉舟之计，大破秦军主力于巨鹿，杀苏角、虏王离、降章邯，立下了赫赫战功。项羽尊称他为“亚父”，意思就是像对待自己父亲一样敬重他。据《元和郡县志》载：项羽曾封范增为历阳侯，历阳即今天的和县。范增到任后，见历阳沿江一片平原，无险可守，决定建历阳城池。历阳城建好后，被命名为亚父城。

秦国灭亡后，各地反秦势力为了夺取江山相互攻打，最终只剩下楚汉相争。楚以项羽为统帅，汉以刘邦为首领。刘邦与项羽约定，谁先攻破秦朝国都咸阳，谁就是关中王。

刘邦善于用人，先攻破了咸阳，并派人驻守函谷关，以防项羽进关。项羽让士兵饱餐一顿后，一举击败刘邦。

刘邦通过项羽叔父项伯说情，表示听从项羽的领导。刘邦还亲自带领一百多

巢湖亚父亭

人马来鸿门，摆出卑微的姿态谢罪。项羽邀请刘邦留下来饮酒，范增认为要趁机除掉刘邦。宴会上，范增多次向项羽递眼色，并接连三次举起他佩带的玉玦，暗示项羽趁此机会杀掉刘邦。项羽讲义气，不忍心下手。范增非常着急，把项羽的堂弟项庄找来，告诉他舞剑助兴，趁机把刘邦杀死在座位上。

项伯为保护刘邦，也拔剑起舞，掩护了刘邦。就在危急关头，刘邦部下樊哙和张良帮助刘邦偷偷离开宴席。这就是历史上“鸿门宴”的故事。

刘邦认识到，要想打败项羽，首先就必须除掉范增。在谋臣陈平的策划下，他们决定使用反间计。

当时，双方军队在荥阳进入相持阶段。项羽为了能够迅速打败刘邦，就以议和为名派遣使者。陈平故意一番言语，让使者感到范增与刘邦私通。项羽果然上当，不再信任范增。

范增很失望，请求告老归乡。据说，归乡途中，他想到楚国大好河山，今后却要属于刘邦，又气又急，不久后背上就长出一个恶疮，在驿舍中疼痛而亡。

项羽如同失去指引的蛮牛，退至垓下，不久就逃到乌江，自刎而死，在历史上留下了一曲悲歌。

㉜ 张良：汉朝开国元勋

人物档案：

张良（约前250—前186），字子房，封为留侯，谥号“文成”，颍川城父（今安徽亳州城父镇）人。汉高祖刘邦的谋臣，汉朝开国元勋之一，与萧何、韩信同为“汉初三杰”。

亳州城东南，有一个千年古镇——城父镇，南依漳河，北偎涡水。这里古迹众多，有春秋名将伍子胥的庄堌遗址、楚国太子赏景的望花台遗址、长达8000米的古城墙遗址和宋太祖赵匡胤南巡休憩之地的回龙寺等，代代相传这里有张良墓，可惜后来被毁。

“运筹帷幄，决胜千里，成帝王之师。”这是世人对张良的赞誉。

张良画像

张良祖父张开地是战国时期韩国三位帝王的宰相，父亲张平继任韩国宰相。身为韩国贵族的张良，在韩国亡国破家之恨下，决心反秦，他散尽家资展开刺秦计划，奈何最终刺杀失败。

张良在逃脱追捕四处躲藏时巧遇黄石公，跟其学习《太公兵法》。在各路反秦大军会盟时，萧何发现张良是个难得的谋国之才，便向急需人才的刘邦推荐。

公元前206年，项羽自立为西楚霸王，定都彭城，并将刘邦分封到偏僻荒凉的巴蜀，称为汉王。心生怨恨的刘邦，期望着某一天大败项羽，成就自己的霸业。

刘邦派人请领汉中地区，项羽答应了，但担心刘邦会悄悄积蓄力量。张良观察地势，利用“明修栈道”的计谋劝说刘邦：“大王为什么不烧断所经过的栈道？

这是昭示天下您没有再回来的想法，以此稳住项王的心。这样，大王就可以乘机养精蓄锐，等待时机，再展宏图了！”刘邦依计而行。项王果真消除了对西面汉王的忧心，而向北发兵去攻打齐国，给了刘邦养精蓄锐的时间。

公元前205年，刘邦乘项羽集中力量攻打田荣之机，率兵伐楚，成功攻占彭城。此后刘邦却开始放纵自己，整天歌舞升平，完全不理会张良旁敲侧击的提醒，给了项羽急救的机会，被打了个措手不及。刘邦危难之下逃到了下邑，心灰意冷地提出谁能与他共建功业便将函谷关以东地区送给谁。

张良决定采用联合击破的策略。他对刘邦说：“九江王黥布是楚军的猛将，他和项王有隔阂；彭越和齐王田荣在梁地反叛，这两个人马上就可以利用。您的将领中韩信可以委任大事，独当一面。您如果打算放弃关东之地，不如送给这三个人，相信就可以打败楚军了。”

在张良的谋划下，一个内外联合攻破项羽的军事联盟由此形成！在三支队伍的联合下，刘邦扭转了楚汉之争局势，化被动为主动，最后兵围垓下，击败项羽。

虽然张良体弱多病，不曾单独领兵，但作为谋臣，在一系列惊心动魄的重大事件上，无不展示出了他大智深谋的才能。晚年的张良在目睹彭越、韩信等有功之臣的悲惨结局后，自请告退，摒弃人间万事，退隐山野之中，云游山水之间。

城父镇四女孤堆，传说中的张良墓也在附近，后被毁

33 周瑜：东吴大都督

人物档案：

周瑜（175—210），字公瑾，汉庐江郡舒县（今庐江县，一说舒城县）人。东汉末吴国名将。出身世家大族，英俊潇洒，人称“周郎”。精音乐，擅军事，任东吴大都督，在赤壁大败曹军。

庐江郡周家以经学术数兴起，四世朝臣，两世三公（太尉、司徒、司空），直至周瑜名声显盛于后世。周瑜高祖父周荣，以通晓经术被举荐，后来担任尚书令。周瑜曾祖父周兴，也被汉安帝下诏拜为尚书郎。周瑜的父亲周异，担任过洛阳令。出生在这样一个显赫的家族里，周瑜从小不仅受到了良好的教育，还随叔伯们外出游历，开阔了眼界，树立了远大志向。

周瑜画像

《三国演义》里“三气周瑜”的故事以及“既生瑜，何生亮”“周郎妙计安天下，赔了夫人又折兵”的习语，让人们以为周瑜心胸狭窄。这是历史误读，因为《三国演义》中的人物是文学形象，且情节多为虚构。

历史上的周瑜豁达大度、举贤任能。《三国志》作者陈寿对周瑜的评价是：“性度恢廓，大率为得人。”

据《三国志·周瑜传》记载：赤壁之战前，孙权拜周瑜为大都督，统领水陆大军，这时周瑜才33岁，位居程普之上。程普向为东吴老将，曾追随孙坚破黄巾、讨董卓，又跟随孙策平刘勋、征黄祖，身经百战。他资格老，看不起长着一张帅气

周瑜文化园

脸庞的周瑜，甚至多次羞辱他。周瑜以东吴基业为重，处处宽容。程普从内心深处被打动了，感慨地对人说，与周瑜交往，就像喝美酒一样，不知不觉就醉了。对手刘备也说周瑜：“器量广大，万人之英。”诸葛亮赞周瑜：“雅量高志。”

建安五年（200），孙策遇刺身亡，时年26岁，临终把军国大事托付孙权。周瑜握有重兵，用君臣之礼对待孙权，同长史张昭共同掌管军政大事。

曹操在官渡之战打败袁绍后，下书让孙权把儿子送去做人质。孙权不愿受制于人，便召集群臣会商。大臣们众说纷纭，不能决断。周瑜立场坚定，主张联合刘备共同抗曹。

建安十三年秋天，曹操率军南侵，占领荆州后向孙权进逼。大军压境之际，周瑜果断沉着，用火攻的方法，大败曹军。周瑜儒雅，镇定自若中击败敌人。苏东坡在《念奴娇·赤壁怀古》中盛赞道：“遥想公瑾当年，小乔初嫁了，雄姿英发。羽扇纶巾，谈笑间，樯橹灰飞烟灭。”钦羡他娶了绝代美女小乔，钦羡他手持鹅毛扇、头戴纶巾的英姿，钦羡他“谈笑间”的大将风范。

周瑜一直有着“美周郎”的雅称。他文武双全、多才多艺，精通音律。当时，人们举行宴会都喜欢有乐师奏乐助兴，弹奏者只要有微小的差错，周瑜都能觉察到，并会立即扭头看那个出错者。

周瑜文化园

传说，一些弹奏者多为女子，为了博得他多看一眼，往往故意将曲谱弹错。带着酒意的周瑜回首一看，别有魅力，惹得女乐师们心神不定。“曲有误，周郎顾”便流传下来。

建安十五年，周瑜征伐益州，路上得了重病，在巴丘去世，时年36岁。孙权穿上丧服到芜湖亲迎灵柩，归葬故里。

周瑜去世后，鲁肃、吕蒙先后担任过都督。鲁肃是今天的定远人，吕蒙是今天的阜南人，这三位安徽籍的东吴都督都才情过人，留下了动人的历史篇章。

汉时庐江郡范围很大，留有多处周瑜、小乔遗存。今天的庐江有周瑜墓，舒城有周瑜城。

34 花木兰：代父从军

人物档案：

花木兰（约412—502），谯郡（今安徽亳州人）。中国古代巾帼英雄。忠孝节义，代父从军，击败入侵民族之敌而流传千古，唐代皇帝追封她为“孝烈将军”。

花木兰墓

“万里赴戎机，关山度若飞。朔气传金柝，寒光照铁衣。将军百战死，壮士十年归。”民歌《木兰辞》让女英雄花木兰的事迹流传至今。

亳州城东，魏园村北有一座高大的坟冢，坟前有碑云：“汉孝烈将军花木兰之墓。”原先的花木兰墓高约两丈，古木参天，森严壮观。20世纪“大跃进”中，坟冢被夷为平地。复建后的木兰墓高5米，直径15米，周围松柏掩映，春牡丹，夏芍药，秋菊，冬梅，四季花开，环境清静，凭吊者络绎不绝。

据古《亳州志》记载：“木兰，魏姓，亳州城东魏村（今魏园村）人。”她原名木栾，长得如花似玉，眉宇间有一股英气，在父老乡亲们眼里是一朵花，大家喊她花木栾，久而久之便喊成了花木兰。

花木兰是传说色彩极浓的巾帼英雄，其故事是悲壮的英雄史诗，从南北朝时期开始广为流传。传说汉孝文帝时，为抗击外敌入侵，朝廷大量扩军。按照当时制度，木兰之父当应招，然而父亲年事已高，木兰弟弟又小，加之木兰自幼习武，弓马娴熟，遂女扮男装，代父从军。

花木兰的父亲以前是一位军人。女儿出生后，他就把她当男孩子来培养。木兰十来岁时，父亲常带她到村外小河边练武，骑马、射箭、舞刀、舞棒。空余时间，还给她讲解兵书。

花木兰塑像

朝廷征兵，木兰的父亲年纪大了，家里男孩又小，没法上阵杀敌，无奈中叹息。花木兰得知父亲心思，决定替父从军。“胡说，你一个女孩子怎么上阵杀敌？”父亲说道。“您不是把我当男孩子培养吗？我会带兵打仗啊！”木兰回答道。

父亲没有办法，只好让女儿出征。去边关打仗，对于男人来说都是艰苦的事情，更不要说木兰既要隐瞒身份，又要与伙伴们一起杀敌。但是花木兰出色地完成了自己的使命，征战十二年，屡立功勋。平敌后，木兰谢绝皇上的封赏，辞官还乡，孝敬父母。人们常说自古忠孝不能两全，而花木兰做到了。木兰的行为得到了大家的称赞，唐高宗感念其品格，追封花木兰为“孝烈将军”。

还有一种说法，认为花木兰是南北朝时期的人。北魏皇帝拓跋焘登基之后，边境长期受到柔然侵扰，于是展开对柔然部落的大反击。花木兰在这时期代父从军。这有待考证。

清朝权威史料《大清一统志》记载：“木兰者，魏氏女，谯郡（今亳州市谯城区）城东魏村人也。文帝募兵戍北，木兰父当往，而老羸，弟妹稚，乃请于父，代行。历十二年，树殊勋，人不知为女子。”

明清以后，经过几百年的艺术再创作，“花木兰”的艺术形象日臻完美。京剧、越剧、汉剧、评剧、黄梅戏等 20 多个剧种都上演过她的故事，特别是豫剧大师常香玉主演的《花木兰》，更是影响深远。

35 常遇春：急先锋“常十万”

人物档案：

常遇春（1330—1369），字伯仁，号燕衡，凤阳府怀远（今怀远县常家坟）人。明朝开国名将。官至中书平章军国重事，兼太子少保，封鄂国公。

常遇春画像

“开国元老，异姓真王。”这是明太祖朱元璋送给常遇春的题词。据说常遇春去世时，朱元璋曾为他写诗：“朕有千行生铁汁，平生不为儿女泣。忽闻昨日常公薨，泪洒乾坤草木湿。”

常遇春出身于贫苦农民之家，但他禀性刚毅，身高臂长，精于骑射，武艺高强。元末时期，盗匪和起义军蜂起。常遇春开始投奔活动于怀远一带的绿林大盗刘聚。

几个月后，常遇春发现刘聚没有雄心壮志，就想另寻出路。恰逢朱元璋率军攻和州。常遇春早就听人说朱元璋仗义豪侠，很有作为，目睹了朱元璋平易近人、视士卒如兄弟的作风，决定投奔。

朱元璋问常遇春：“你是不是挨了饿，想到我队伍中找饭吃？”常遇春回答说：“我在刘聚手下并不愁衣食，只是刘聚只知抢掠和盗窃，并无远虑。我听说将军是位贤明智者，因此前来投奔，愿为将军效死力。”朱元璋见常遇春身材魁梧，又有志向，便很器重他。

常遇春逐渐展现出过人的军事才干，朱元璋派他带兵攻取衢州。常遇春首先攻取了龙游城，戎马之中还吟唱《龙游道中》一首：“策蹇龙游道，西风

常遇春常坟镇遗迹

妒旅袍。红添秋树血，绿长旱池毛。比屋豪华歇，平原杀气高。越山青入眼，回首鬓须搔。”字里行间流露出英雄豪气。

1360年初，朱元璋令常遇春镇守池州。陈友谅统其兵众，部署袭取池州，常遇春率精兵万人，设伏于六泉口。陈友谅率士兵全力猛攻池州城，徐达带领守军开城门出击，常遇春伏兵出击，大破陈友谅军，陈友谅败走江州。随后，常遇春率军攻占庐州。他很豪迈地说：“我能将兵十万，可以纵横天下。”故而人们称他“常十万”。他军纪严明，临阵身先士卒，所向披靡，不愧为常胜将军。

1369年，常遇春率师南归，行军途中暴病身亡。朱元璋大为震恸，赐葬于南京钟山之下，并亲自出奠。

常遇春对朱元璋一直忠心耿耿，敢于直言，效命疆场，尽瘁而终。朱元璋评价他的功勋：“虽古名将，未有过之。”追封常遇春为开平王，谥曰忠武，配享太庙。

怀远县常坟镇，元朝称贾村，明朝改称常家坟，位于淮河西岸的大河湾内，这里建有常遇春纪念馆，供后人凭吊。

36 胡宗宪、戚继光：抗倭功臣

人物档案：

胡宗宪（1512—1565），字汝贞，号梅林，绩溪县龙川人。明朝抗倭名将。嘉靖十七年（1538）进士，与于谦并称为“功勋最著者二臣”。擅长诗文，著有《筹海图编》十三卷。

戚继光（1528—1588），字元敬，号南塘，晚号孟诸，谥号“武毅”，安徽定远人。明代著名抗倭将领，军事家、书法家、诗人，民族英雄。

胡宗宪画像

胡宗宪：抗倭总督

明嘉靖十七年（1538），徽州龙川沸腾了。27岁的胡宗宪考中进士，大家纷纷前来道贺，这意味着这位青年才俊今后会平步青云。

胡宗宪父母不惜重金聘请名师教授，他从小就接受了良好的教育，文武兼习。考取进士后，他出知益都，赏罚分明，很少出现冤案。

因为从小习武，胡宗宪善于用兵。他把益都当地的强盗招降了，编为义军。这时，历史给了他舞台。因为嘉靖时期，倭患已经愈演愈烈。嘉靖二年（1523），明朝罢市舶司，并严申海禁。正常的贸易渠道被堵死，在暴利驱使下，东南沿海倭患加剧。浙江的倭患尤其猖獗，百姓生活在水深火热之中。

朝廷对胡宗宪寄予厚望，任命他为浙江巡按监察御史。胡宗宪感到责任重大，临行前立下誓言：“我这次任职，不擒获王直、徐海，安定东南，誓不回京。”上任伊始，胡宗宪针对辖区内官兵纪律松弛、软弱涣散的积弊，以严明赏罚为手段，大力进行整顿。

通过胡宗宪的努力，官兵的军容、军纪有了改观，士气也逐渐恢复。胡宗宪很快就擢升为兵部左侍郎兼都察院左佥都御史，又加直浙总督。

胡宗宪知道自己大展宏图的机会来了。他招揽、重用各种杰出人才，如俞大猷、戚继光。徐渭当时被称为“狂才”，世人称他为“江南四大才子”之一，胡宗宪也重用。正是有了这些人的帮助，胡宗宪的理想才得以一步步实现。他们使用《三国演义》中周瑜诱骗蒋干的计策，成功诱降海盗王直。

据传，胡宗宪邀王直义子王激同居一室，并将早已写好的请求朝廷赦免王直的奏疏和十多篇请战书都放在书桌上。然后，胡宗宪假意出门赴宴，让王激有机会看到这些文稿。深夜胡宗宪大醉而归，假装酣睡。王激偷偷将书桌上的密件抄录下来。次日，王激立即去给王直送信。王直听了义子的汇报，便带着两名部下拜见胡宗宪。胡宗宪对其优厚备至，让他们去杭州见巡按御史王本固。一到杭州，王直就被逮捕入狱。

嘉靖四十一年，对胡宗宪而言是很重要的一年，他主持的抗倭斗争取得了前所未有的胜利。然而这一年五月，内阁首辅严嵩被罢官，其子严世蕃被逮。胡宗

绩溪龙川胡宗宪尚书府

绩溪龙川胡宗宪故居

宪因与严嵩交往而遭到弹劾。3 年后，他写下“宝剑埋冤狱，忠魂绕白云”的诗句后，自杀身亡。

胡宗宪总督浙江军务时，为防御倭寇，聘请郑若曾等人收集海防有关资料编辑而成《筹海图编》共 13 卷。这是一部沿海军事图籍，是迄今所能见到的最早的、内容详备而又完整的海防军事地形图，明确记入了鸡笼山、花瓶山、彭加山、钓鱼屿、橄榄山、黄毛山、赤屿等岛屿，乃中华海山一道天然的岛屿石链。

龙川胡宗宪尚书府誉称“徽州第一家”，是徽州保护最好的古建筑。它坐落在绩溪龙川村中央，胡宗宪的后人曾在此居住。龙川村呈船形，东接龙须山，西靠凤凰山，登源河与龙川河在村前交汇，是一块风水宝地。尚书府景区为龙川风水最佳之处，占地 3000 平方米，有善堂、官厅、梅林亭、绣楼、胡氏家井、蒙童馆、松公家祠、土地庙、文昌阁、医馆等，和众多小巧的庭院交相辉映。

戚继光：平倭未敢负年华

戚继光出身军事之家。他的六世祖戚祥参加过郭子兴领导的起义军，父亲戚景通袭登州卫指挥佥事。

戚景通对儿子教育十分严格，勉励他要精忠报国。19 岁时，戚继光管理登州卫所的屯田。当时山东沿海一带正遭受倭寇骚扰，军丁大量逃亡，戚继光上任后加以整顿，面貌焕然一新。

在张居正的推荐下，戚继光负责山东平倭事宜。戚继光一上任，就对纪律松

戚继光画像

弛的部队进行改革。他有一位远房舅父担任军官，不服从命令。戚继光知道不处罚是无法服众的，便公开、严厉地处罚了他。从此，军中风气很快改变，一切井井有条。

两年后，戚继光被调到抗倭最激烈的浙江战场，他有勇有谋，深得浙江总督胡宗宪的器重，负责镇守宁波、绍兴、台州三郡。这年四月，王直部下徐海、麻叶带领大批倭寇进犯浙江，进掠宁波府，戚继光立刻率军迎敌，和谭纶、俞大猷并肩作战。

戚继光在浙江赴任时发现金华、义乌民风彪悍，于是前往招募3000人，训练成了一支劲旅，后称“戚家军”。戚继光强调士兵要爱护人民，还研究出了很多诸如“鸳鸯阵”的阵法，戚家军因此名闻天下。

戚继光善于总结作战经验，在取得台州大捷后，戎马倥偬之余，编写了一部军事学著作《纪效新书》，内容详细，通俗易懂。

倭寇领会到戚家军的厉害后，便向南发展，进犯福建。胡宗宪又把戚继光调到福建抗倭。他转战千里，沉重打击了倭寇的气焰，倭寇心惊胆战地称戚继光为“戚老虎”。

正因为戚继光善于统兵，明穆宗让他训练蓟州、昌平、保定等地士兵。镇守蓟州期间，几任内阁对他都比较信任，尤其是内阁首辅张居正。

张居正病逝后，他改革的反对者到处中伤戚继光。不久，戚继光遭到弹劾被罢免。“君恩自是优功狗，世事浑如看纸鸢”，戚继光怀着凄凉的心境回到蓬莱，写下一篇自传和遗嘱后就与世长辞了。

戚继光六世祖戚祥的故居位于定远县永康镇街南。定远城南大街原有戚家老宅，戚祥阵亡后，葬于宅南，称为“戚家祖坟”。明神宗时，戚继光回到定远祭祖，把故居建为祭祖陵堂，并在镇东建立“怨穷塔”。戚继光祭祖后，曾在老宅居住，宅旁有一东西走巷，戚继光经常组织青少年在此演习阵法，后人称此巷为“操箭巷”，在此建立“继光亭”。

37 张树声、刘秉璋、吴长庆：淮军将领

人物档案：

张树声（1824—1884），字振轩，出生于肥西张老圩。淮军重要将领。

刘秉璋（1826—1905），庐江县人。清咸丰十年（1860）进士，淮军重要将领，曾任四川总督。

吴长庆（1829-1884），字筱轩，庐江县人。淮军重要将领。

张树声画像

张树声：行事果决的淮军名将

更楼、四合院、子药房，炮台、曲桥、抱鼓石，掩映于皂荚、广玉兰、法梧、银杏等百年古木之中。这是肥西县大面积淮军将领圩堡建筑群给人的印象。圩堡俗称圩子，是建在岗岭台地上或者以河设障的建筑，以防范外侵。肥西圩堡建筑群以水圩居多，有多位淮军将领的旧居，映现淮军文化史的演变历程。

淮军名将张树声就出生在张老圩。他从小受到家学熏陶，志向高远，少年时期，除重点攻读“四书”“五经”外，对天文、历算、地理、兵法等都有着浓厚的兴趣。他爱谈天下形势，“国家兴亡，匹夫有责”的信念深植心中。

清代咸丰年间，社会矛盾激烈，内忧外患，天下大乱。太平天国起义席卷大半个中国，捻军在淮河流域与之遥相呼应，江淮地区土匪、盗贼猖獗横行。当时，各地办理团练以自保，张树声也随父亲在周公山下殷家畈筑堡垒寨，创办团练。

清末起家于江淮之间的“淮军”，是一支深受清廷倚重的劲旅。淮军成军后

不久，就在李鸿章的带领下，自安庆乘轮船沿江直赴上海。张树声所率“树字营”在镇压太平军、捻军中屡立战功，他的才干不仅得到李鸿章的欣赏，还深受两江总督曾国藩的赏识。

光绪五年（1879），张树声升任两广总督，成为权倾朝野的重臣。光绪八年四月，李鸿章因丁忧回籍，奏由张树声署理直隶总督兼北洋大臣。张树声接任不久，就遇到朝鲜发生内乱。以朝鲜国王之父李罡应为首的保守派，因不满国王李熙、王妃闵氏推行新政，以克扣兵饷为由聚集乱兵生事，冲击王宫，烧毁日本使馆，日本想以此为借口侵占朝鲜。史称“壬午事变”。

张树声与广东水师提督吴长庆商定对日采取强硬的外交政策，数日内，由海军提督丁汝昌率“威远”军舰及轮船，将吴长庆部五营近三千人马东渡朝鲜，使朝鲜转危为安。

光绪十年九月，张树声病逝于军中，安葬于肥西周公山西麓。张树声之后，合肥张氏成为当地人津津乐道的名门望族。为人称道的合肥“张氏四姐妹”，即张树声曾孙辈。

刘秉璋：不屈膝洋人的总督

刘秉璋画像

刘秉璋少时胸怀大志。道光二十五年（1845），他和同乡潘鼎新，徒步几千里，跑到京师求学。

后来，刘秉璋果然考中进士，授编修之职。李鸿章创建淮军，特奏调刘秉璋随军。此后刘秉璋跟着李鸿章、曾国藩参与镇压太平军和捻军，成为淮军将领中的佼佼者。

同治十一年（1872），清廷任命他为江西布政使。因为官清廉、政绩显著，三年后升任江西巡抚。没过多久，他就以老母年迈需要奉养为由辞官归去。

在戎马生涯中，刘秉璋最为称道的是“镇海抗法战争”的胜利。光绪八年（1882），清廷复起用刘秉璋，任命他为浙江巡抚。当法军侵占越南，继而侵犯我东南沿海时，他于宁波设立海防营务处，加强统一调遣，布置沿海防务，沿岸筑长墙、置地雷、封海口，以所有兵轮据险设防。

1885年初，法国军舰驶入镇海口，炮台守将吴杰开炮轰伤其两舰，有力地震慑了法军。几天后，法舰又侵入虎蹲山北，再次被炮击中烟筒、桅杆，不敢再进犯。刘秉璋乘势组织敢死队，潜伏到南岸清泉岭下，发起突然袭击，法舰连受五炮，被炸得人仰马翻，仓皇逃遁。

光绪十二年，刘秉璋以军功升任四川总督。在川督任上10年，他廉洁奉公，主持修理颓坏的都江堰水利工程，造福一方。

刘秉璋生平喜爱读书，不仅藏书丰富，一生著述也多。他的子孙中，多是收藏大家，把不少文物捐献给了国家。

刘秉璋墓园位于庐江县万山镇老刘洼，坐西朝东，由墓冢、祭坛、拜台、碑亭、墓道组成，三面环山，气势磅礴。

吴长庆：功在朝鲜受称扬

太平军转战安徽时，吴长庆的父亲吴廷香在家乡创办团练。咸丰四年（1854），吴廷香战死。第二年，吴长庆袭职，他誓与太平军为敌。他好读书，爱人才，被称为儒将。

两年后，吴长庆会合各种力量，在庐江桃溪镇大败太平军，击毁对方30多垒。随后，他奉命在合肥东乡办团练，因为护城有功，赏戴蓝翎。

咸丰十一年（1861），吴长庆奉两江总督曾国藩的命令，收复庐江，攻占三河。他以500人为基础，创立淮军“庆字营”。曾国藩手书“忠孝坚定，不可挠折”八个大字，以激励庆军将士。

李鸿章赴援上海时，吴长庆率部助战，首战虹桥取胜，随后在攻取柘林、奉贤、南汇、川沙、金山等地中，又表现出色。

吴武壮公祠

天平军将领李秀成攻打庐江，形势告急，吴长庆奉命抗击，他慨然说道：“这是我家乡，我父亲又在这里战死，我一定要好好痛击敌人！”他与李秀成展开大战，终于获胜。

太平军基本平定后，捻军在各地兴起。吴长庆率马步队 11 营随李鸿章前往镇压，进剿于河南内黄、滑县、浚县，山东临邑、德州，直隶宁津间，取得了卓越战功。

光绪元年（1875），吴长庆叙功授直隶正定镇总兵。朝鲜禁军叛乱，日本发兵干预时，吴长庆率兵前往周旋，在朝鲜的两年时间里，组织朝鲜人民修道路，筑桥梁，救灾恤丧，深得大家敬仰。

光绪十年，吴长庆奉命回国，当年闰五月病逝，谥号“武壮”。清政府为表彰吴长庆生前功绩，在庐江县城建造了一座专祠，名曰“武壮公祠”。这是庐江县城内唯一一处保存较完整的古建筑，也是安徽省重点文物保护单位。

38 刘铭传：台湾首任巡抚

人物档案：

刘铭传（1836—1896），字省三，自号大潜山人，晚清合肥（今肥西）人。淮军重要将领，台湾省首任巡抚。

肥西紫蓬山区最高峰大潜山北麓2000米处有刘老圩，四周筑有内外两道深深的壕沟，围墙用石头砌成，其上共建有五座碉堡。这是淮军将领刘铭传的故居。故居四周有当年刘铭传亲手栽植的广玉兰，据说是慈禧太后赐给淮军的，经百年沧桑，仍高大挺拔。

刘铭传11岁时父亲去世，不得不中断私塾课业，与母亲相依为命，靠贩私盐为生。

刘铭传生逢的是一个乱世。有一次，当地一个恶霸欺负刘铭传，他一气之下杀了恶霸，得到数百名乡里青年的拥戴，刘铭传便领着他们修圩筑寨，开始团练生涯。

刘铭传照片

同治元年（1862），刘铭传加入李鸿章的淮军，其部取名“铭字营”。这一年，李鸿章率淮军援江苏，刘铭传的“铭字营”随至上海。刘铭传凶悍善战，28岁就荣升直隶提督。

在攻打捻军的大小数十战中，刘铭传屡立“首功”。清廷对他大加封赏，连祖上三代也受封为一品官爵。

在攻下常州城时，刘铭传住进护王府内。半夜里他正在看书，耳边突然传来悦耳的金属叩击之声，极有穿透力。刘铭传

刘铭传故居

转到屋后见有马厩，原来是马笼头的铁环碰到了马槽。他蹲下细看，发现这马槽发着深沉的幽光。第二天，刘铭传让人把马槽洗干净，只见外壁四边各饰两个兽首衔环，内底有长铭。刘铭传知道是国宝，就带回老家。后来他在老家经营刘老圩，专建一亭取名“盘亭”。这件国宝叫虢季子白盘，是商周时期的盛水器，底部铭文讲述虢国的子白奉命出战，荣立战功，周王为其设宴庆功的事迹。

后来，刘铭传后裔将此物捐献给了国家，成为国家博物馆镇馆之宝。

刘铭传讨厌官场中的相互倾轧、尔虞我诈。他曾休假回乡，赋闲期间，留心洋务，结识了许多当时的进步知识分子。光绪十年（1884）七月，法军侵略台湾，清政府在危难之际又想起了刘铭传，急令他以巡抚衔奔赴台湾督办军务。

刘铭传抵台的当天，就到炮台巡视、布防。他亲自督战，与台湾军民同仇敌忾，取得淡水大捷等系列战果，最终挫败法军占领台湾的阴谋，保卫了祖国宝岛。

台湾原来隶属福建省，是福建省的一个道。中法战争的硝烟，使清政府进一步认识到台湾作为东南沿海七省门户战略的重要性，1885 年下诏将台湾道改为台湾省。督办台湾军务且有福建巡抚头衔的刘铭传，被任命为第一任台湾省巡抚。

肥西刘铭传墓园

刘铭传用了 6 年多时间，在台湾大展拳脚。他奠定建制，整肃吏治，加强防务，发展工商业，兴办教育，兴建铁路，促进了台湾近代化建设的进程，赢得了台湾人民的永远感怀。

1896 年，刘铭传病逝于六安麻埠刘新圩，葬于金桥吴家院墙，谥号“壮肃”。2008 年，刘铭传遗骨重新安葬于肥西，墓园依山而建，背靠大潜山，面临潜山水库，气势庄严。

39 许继慎：中国工农红军早期杰出将领

人物档案：

许继慎（1901—1931），安徽六安人。中国工农红军早期杰出将领、红一军军长、军事家。

许继慎照片

在六安市裕安区青山乡，绿树掩映中有一座许继慎纪念园，占地三四公顷，由许继慎纪念馆、许继慎汉白玉雕像等组成。其中，纪念馆前方树有许继慎的铜像，高 2.8 米，底座为黑色大理石，徐向前元帅题有“中国工农红军第一军军长许继慎同志之墓”的碑文。展馆内，5 个篇章全景式地展现了许继慎短暂而光辉的一生。

许继慎出生在六安土门店一个农民家庭。1923 年 12 月，加入中国共产党。1924 年 4 月，考入黄埔军校第一期，毕业后留校，先后担任新编教导第一团排长、连长，在两次东征战役中屡立战功。

1926 年 7 月，北伐战争开始。许继慎受党组织派遣，到国民革命军第四军叶挺独立团任参谋长，不久调任二营营长，参加了强渡汨罗江，攻打平江、汀泗桥、贺胜桥等战斗。特别是在贺胜桥战斗中，许继慎一马当先，率全营官兵勇敢冲锋，迅速杀入敌人纵深，不料反遭敌人包围。激战中，许继慎沉着冷静，机智应对，虽胸部负伤，仍咬牙坚持指挥战斗，直到独立团完全占领贺胜桥。战后，许继慎调任七十二团团长。

1930 年 4 月，许继慎奉命来到鄂豫皖革命根据地，负责组建红一军，任军长兼红一军前委委员、中共鄂豫皖特委委员。红一军组建完毕后短短 3 个月内，许继慎挥师驰骋于皖西、京汉铁路南段等地区，相继攻克流波疃、麻埠、霍山县城、英山县城，使皖西、鄂东北革命根据地基本连成一片。

许继慎纪念园

1930 年 10 月，蒋介石调集10万兵力“围剿”鄂豫皖革命根据地。皖西苏区大部分被敌占领，数万干部群众惨遭杀害。许继慎指挥红一军以一、二师从鄂东返回商南、皖西，采取连续奔袭、速战速决、出奇制胜的战术打得敌人措手不及，很快使皖西根据地全部恢复。12 月 30 日，在六安东、西香火岭，一举歼敌 3 个团，俘敌团长以下 3000 多人。敌遭受重创，即向城镇据点收缩。敌人的第一次“围剿”被粉碎。

1931 年 1 月，红一军和红十五军合编为红四军。许继慎先后担任红四军第十一师师长、第十二师师长兼皖西军分会主席。2月以后，红四军向平汉路出击，许继慎率部向信阳以南进发，打了一系列胜仗：袭击柳林和李家寨火车站，全歼守敌，击毙敌旅长侯镇华；与第十师协同，突袭敌双桥镇岳维峻师部，俘师长岳维峻以下 5000 余人；围攻独山敌据点，全歼守敌；进攻英山县城，全歼守敌。

1931 年 8 月，国民党特务头子曾扩情利用黄埔军校同学关系，嫁祸给许继慎，使许继慎遭到逮捕。许继慎坚持革命立场，拒不承认诬加给他的一切罪名。3 个月后，在鄂豫皖根据地主要领导人张国焘开展的“肃反”运动中，许继慎被错杀于河南省光山县。

1945 年 4 月，中共七大召开，中共中央为许继慎平反昭雪。1988 年，许继慎被中央军委确定为中国人民解放军 36 位军事家之一。2009 年 9 月，许继慎入选 100 位为新中国成立作出突出贡献的英雄模范人物名录。

40 洪学智：两膺上将

人物档案：

洪学智（1913—2006），安徽金寨人。1955 年被授予上将军衔，1988 年再次被授予上将军衔。他两次出任中国人民解放军总后勤部部长，是人民军队后勤工作的开拓者和奠基人。

金寨是红军的故乡、将军的摇篮，1955 年至 1964 年被授予少将以上军衔的有 59 位。而两膺上将洪学智，更是让人敬仰。

洪学智照片

1913 年，洪学智出生在金寨县双河镇一个贫苦农民家庭。15 岁参加革命，16 岁加入中国工农红军，同年加入中国共产党。参与创建鄂豫皖革命根据地及历次反“围剿”斗争，参与开辟川陕革命根据地及反敌“三路围攻”“六路围攻”的斗争。他作战勇敢，胆识过人，21 岁就担任红四军政治部主任。

1935 年 3 月，洪学智参加红四方面军长征。6 月，部队到达四川懋功时，红四军政治部接到迎接中央纵队的任务。为了保证中央红军的粮草供应，洪学智组织民运部、保卫部等机关和直属队翻山越涧，打开了几个反动头人的寨子，筹集到几万斤粮食和几百只牛羊，交给了中央纵队，并圆满完成中央红军伤病员的转送和安置工作，受到刘少奇的夸奖。长征结束后，洪学智调任红四方面军政治部组织部长。

抗日战争初期，洪学智曾任抗日军政大学第四大队副大队长、第四团团长等职。1941 年 4 月，南下到达苏北盐城，支援新四军，曾担任新四军盐阜军区司令员、新四军第三师副师长兼参谋长，是盐阜区反“扫荡”和抗日反顽斗争的主要领导人之一。

解放战争时期，洪学智随黄克诚率三师主力进军东北，先后担任龙江军区司令员兼黑河地委书记、东北民主联军第六纵队司令员、东北野战军第四十三军军长。先后率部参加黑河剿匪、“三下江南”作战、东北攻势作战和城市攻坚战、辽沈战役和平津战役等。

1949 年 2 月，洪学智率第四十三军南下参加渡江战役。5 月，任第四野战军第十五兵团第一副司令员兼参谋长，先后参与指挥湘赣、衡宝、两广和海南岛战役，为全国解放立下赫赫战功。

1950 年 8 月，洪学智调任第四野战军第十三兵团第一副司令员。10 月，参加抗美援朝战争，任志愿军第二副司令员，兼任志愿军后方勤务司令部司令员。他指挥 20 多万后勤部队，筑成“打不断、炸不烂、冲不垮”的钢铁运输线，源源不断向前方运送物资，保障了作战需要，为抗美援朝战争的胜利作出了重大贡献。

1953 年 8 月，洪学智奉命回国。他曾先后担任中国人民解放军总后勤部副部长兼参谋长、部长，国防工业办公室主任，中央军委副秘书长兼总后勤部部长、政治委员，全国政协副主席、党组副书记，是我军现代后勤工作的奠基人和开拓者。1955 年和 1988 年，洪学智分别被授予上将军衔，是全军唯一一位两次被授予上将军衔的人。

2006 年 11 月，洪学智在北京病逝。洪学智纪念碑坐落于金寨革命烈士陵园，庄重典雅。

洪学智将军纪念碑

41 冯玉祥、张治中、李克农：巢湖三上将

人物档案：

冯玉祥（1882—1948），字焕章，原名基善，安徽巢县（今巢湖市）夏阁镇人。中国国民革命军陆军一级上将。

张治中（1890—1969），原名本尧，字文白，安徽巢县（今巢湖市）黄麓镇人。中国国民革命军陆军二级上将。

李克农（1899—1962），安徽巢县（今巢湖市）烔炀镇人。中国人民解放军上将。

冯玉祥：布衣将军

冯玉祥11岁投军，在北洋军阀的部队里由一名普通士兵逐步升至国民联军总司令高位，统率10多万人。冯玉祥很仰慕孙中山。1923年曹锟、吴佩孚控制北洋政府后，他在孙中山的革命精神感召下，决心寻机推倒曹、吴军阀统治。1924年，他在第二次直奉战争中任直军第3军总司令，趁直奉两军在石门寨、山海关等地激战，回师发动北京政变，推翻直系军阀政府，驱逐清废帝溥仪出宫，改所部为中华民国国民军，任总司令兼第1军军长。

冯玉祥照片

冯玉祥治军严谨，军纪较好。他节俭自好，即使当了将军，也始终过着平民生活：一年四季着灰布军装，被誉为“布衣将军”。他把自己的军队看作一个大家庭，而他是“家长”，一手以恩感人，一手以威服人。

1926年9月，国民军联军在绥远五原誓师，参加北伐战争，冯玉祥就任总司令，平定了甘陕。1927年4月，所部被改编为国民革命军第二集团军，冯玉祥任总司令。他曾一度附和蒋介石、汪精卫“清党”反共反人民，任国民政府行政院副院长兼军政部部长。1930年，爆发蒋、冯、阎中原大战，冯玉祥兵败下野，所部被蒋介石收编。

“九一八”事变后，冯玉祥通电全国，提出抗日救国13项主张。1933年，与旧部组织察哈尔民众抗日同盟军，任总司令，一举收复多伦等四县。1935年，被授予陆军一级上将，在南京出任军事委员会副委员长。他是国民政府中最坚定的抗战派之一，曾担任第三战区司令长官，负责指挥淞沪抗战。

抗战胜利后，冯玉祥反对内战，反对独裁，与蒋介石的矛盾激化。为形势所迫，冯玉祥于1946年以水利考察专使名义出访美国，同时被强令退役。在美国期间，冯玉祥积极支持国内人民的爱国民主运动，公开发表文章抨击蒋介石的内战独裁政策，终被国民党开除党籍。

1948年9月，冯玉祥在归国途中，因轮船失火遇难。毛泽东、朱德致电痛悼，赞誉冯玉祥“置身民主，功在国家”。

张治中照片

张治中：和平将军

走进巢湖黄麓镇洪家疃，仿佛进入了世外桃源。九条村巷呈扇形，合围清水塘。每至雨季，水系犹如九条白龙，向塘中流注，水涨池满，珠圆玉润。雨过天晴，水声与西黄山脚下千年古刹的钟声隐隐相和，青烟袅袅，白云飘飘，洪家疃就像安睡的婴孩，恬静地做着田园诗般的梦。

张治中就出生在这里。他6

岁进入私塾读书，16 岁外出闯荡。辛亥革命后在上海参加学生军，1916 年，毕业于保定陆军军官学校。1924 年后，曾任黄埔军校学生总队总队长、军官团团长，受周恩来等共产党人影响较大。1928 年后，深得蒋介石的信任，在国民党统治集团中身居要职，曾任国民党中央党校教育长、第九集团军总司令、湖南省政府主席、国民党军事委员会政治部部长、西北行营主任兼新疆省政府主席。

张治中有着强烈的爱国热情和对国家民族的责任感，一生以救国救民为己任，曾参与指挥“八一三”淞沪抗战。在国共两党关系中，他力主和平解决分歧，反对诉诸武力。张治中是国民党阵营中唯一一位没有同共产党打过仗的高级将领，被誉为“和平将军”。

1945 年 8 月，张治中代表国民党当局去延安迎接毛泽东到重庆谈判，作为谈判首席代表，为谈判纪要签署做出了贡献；1949 年 4 月，作为国民党政府首席代表，率代表团赴北平与周恩来为首席代表的中共代表团谈判，达成和平协议草案。因国民政府拒绝签字，张治中发表《对时局的声明》，宣布脱离国民党阵营，走向人民阵线。中华人民共和国成立后，曾任全国人大常委会副委员长、民革中央副主席等职。

张治中很重视教育。1933 年夏，正式创建黄麓师范学校，并题写校训“敬勇诚毅”。在张治中的关心与支持下，早期黄麓师范的教学活动，深受陶行知“生活即教育”“社会即学校”的影响，培养了许多人才。

李克农：传奇将军

李克农祖籍安徽巢湖，1899 年生于芜湖。1926 年，加入中国共产党。1927 年，蒋介石发动“四一二”反革命政变后，李克农受到国民党芜湖市公安局通缉，被迫逃离芜湖，经南京秘密潜入上海。

1929 年秋，李克农在先期打入国民党中央组织部调查科的中共秘密党员钱壮飞的安排下，被国民党情报机构上海无线电管理局录用，并被提升为电务股长。不久，李克农的好友胡底也成功打入敌人内部，被派往天津工作。他们三人组成中共特别小组，李克农任组长，中央特科委派情报科长陈赓与李克农单线联

李克农照片

系。李克农、钱壮飞、胡底被誉为中共隐蔽战线的“龙潭三杰”。

1931年4月的一天，钱壮飞从破译的电报中得知，时任中共中央政治局候补委员、中央特科主要负责人顾顺章在武汉被捕叛变，即将押解至南京。钱壮飞连夜派人赶往上海，将情报转交给李克农。李克农迅速找到陈赓和周恩来。在周恩来的亲自指挥下，李克农等人在短短几个小时内，将党中央在上海的所有重要机关全部安全转移。当大批国民党军警在顾顺章的带领下赶到时，早已人去楼空。

李克农身份暴露，撤离上海，赶往江西中央苏区，担任政治保卫工作。1934年10月，他参加红一方面军长征，任中央纵队驻地卫戍司令。长征结束后，李克农被任命为中共中央联络局局长，协助周恩来开展对国民党东北军的统战工作。李克农通过被俘的东北军六一九团团长、曾任东北军统帅张学良卫队营长的高福源引路，在洛川与张学良举行秘密会谈，双方初步达成“停止内战、一致抗日”的口头协议。事隔8个月，西安事变爆发。周恩来亲赴西安调解，李克农作为中共代表团秘书长陪同前往，对促进西安事变和平解决及第二次国共合作的实现发挥了积极作用。

抗日战争和解放战争时期，李克农曾任中共中央社会部副部长、部长，中共中央情报部副部长、部长等职。李克农领导开展了卓有成效的情报工作，为党中央和毛泽东研究战局、制定决策提供了重要依据。毛泽东评价道：“我们的情报是最成功的。”

中华人民共和国成立后，李克农曾任外交部副部长、中央军委总情报部部长、中国人民解放军副总参谋长、中共中央调查部部长。他曾幕后指挥朝鲜停战谈判取得成功，被称为“板门店的隐形巨人”。1955年，李克农被授予上将军衔。

李克农故居

1962 年 2 月，李克农在北京病逝。

目前，巢湖三将军的故居都保存完好。巢湖市夏阁镇竹柯村有冯玉祥旧居，是国家级重点文物保护单位。张治中故居就位于巢湖市黄麓镇西黄山脚下的古村落洪家疃，承载了“和平将军”戎马一生的记忆。坐落在巢湖烔炀镇中李村的李克农故居，如今已是国家安全教育基地、安徽省爱国主义教育基地。这里的一院一舍、一草一木、一纸一画，都记录着李克农光辉的一生、战斗的一生。

⑫ 卫立煌、孙立人、戴安澜：中国远征三将军

人物档案：

卫立煌（1897—1960），字俊如，又字辉珊，安徽合肥县（今合肥市包河区）人。曾任中国远征军司令长官。

孙立人（1900—1990），字抚民，号仲伦，生于安徽庐江县金牛镇，曾搬迁至舒城三河（今属肥西县）。曾任中国远征军高级将领。

戴安澜（1904—1942），原名戴炳阳，安徽无为县人。中国远征军高级将领，100 位为新中国成立作出突出贡献的英雄模范人物之一。

卫立煌照片

卫立煌：从警卫员到上将

1897 年，卫立煌出生于合肥东乡卫杨村（今属合肥市包河区）。他自幼家贫，因没有钱上正规学堂，只好在邻村私塾里随老先生读书。15 岁从军。1917 年，经人介绍去广州，参加孙中山领导的国民革命，曾任大元帅府警卫员。后来，卫立煌在讨伐陈炯明叛乱和北伐战争中身先士卒，屡立战功，先后晋升为连、营、团、旅、师和军长，成为颇受蒋介石赏识的“五虎上将”之一。

1932 年，卫立煌率部参与蒋介石发动的对鄂豫皖革命根据地的第四次“围剿”，率先攻占金家寨，给大别山区人民带来了深重灾难。蒋介石为表彰卫立煌的战功，将鄂豫皖三省交界地区各划出一部分，以金家寨为中心建立“立煌县”。1934 年至 1937 年，卫立煌先后担任鄂豫皖边区“剿共”总指挥和边区督办。

西安事变发生后，中国共产党以民族大义为重，提出停止内战、一致抗日，对

卫立煌故居

卫立煌触动很大。全面抗战爆发后，卫立煌部最早与红二十八军谈判，达成停战协议，为大别山区第二次国共合作抗战打开了局面。随后，卫立煌率部开赴华北抗日，先后担任第二战区副司令长官、第一战区司令长官。他曾组织指挥忻口战役，毙伤日军 2 万余人；转战中条山，打退日军 8 次进攻。其间，卫立煌与中国共产党人和八路军建立了良好的合作关系，与毛泽东、周恩来、朱德、彭德怀等中共领导人来往密切。

1943 年 10 月，卫立煌出任第二次中国远征军司令长官，率 7 个军远征缅甸，消灭了盘踞缅甸的日军，完成了收复滇西和打通中印公路交通的任务。

抗日战争胜利后不到一年，国共内战爆发。1948 年 1 月，卫立煌被国民政府任命为“东北剿共总司令”，指挥国民党军队在东北战场作战。经过辽沈战役，卫立煌兵败被撤职，出走香港。中华人民共和国成立后，他排除干扰，在国民党高级将领中第一个回归祖国大陆，曾任全国政协常务委员会委员、民革中央常务委员会委员。

孙立人：享誉世界的抗日名将

1900 年，孙立人出生在庐江县一个富裕的书香门第。1914 年，考入清华学校土木工程系。1923 年，考取官费赴美留学，先后就读于普林斯顿大学土木工程系和弗吉尼亚军校。在军校期间，孙立人受到严格的西方军事教育和训练。1928 年回国后，历任国民党中央党务学校军训队副队长，财政部税警总团第四团团长、总团长。1937 年，他率部参加“八一三”淞沪抗战，身负重伤。

孙立人善于练兵，将中西方军事教育方式结合起来，形成了独具特色的训练操典，人称“孙氏操典”。经过孙立人的严格军事训练，税警总团很快成为国民党最精锐的部队之一。后被改编为国民党陆军第 66 军新编第 33 师，孙立人任少将师长。孙立人因此在军界崭露头角，成为一个实力派军事人物。

孙立人的军事才能在中国远征军缅甸抗日战场上大放异彩。1942 年 4 月，孙立人率部第一次入缅作战。当时，英军 1 个师和 1 个装甲旅被日军 1 个大队包围在仁安羌以北地区，形势危急。孙立人以 1 个团的兵力，经过两天苦战，克复仁安羌，歼敌 1200 多人，解救英军 7000 多人，军威大振。1943 年 10 月，孙立人率部第二次入缅作战，先后担任新一军副军长兼新 38 师师长、新一军军长，指挥所部参加解放胡康河谷、反攻缅北、攻占密支那、打通滇缅公路等多次重大战役，屡立战功，共毙伤日军 10.8 万多人。孙立人因此成为二战中享有世界声誉的中国将领，被国际舆论界誉为“东方隆美尔”。

孙立人照片

抗战胜利后，孙立人及所部被蒋介石调至东北打内战，兵败后被剥夺兵权。1949年，被派到台湾，历任台湾防卫总司令、陆军总司令，二级上将。1955 年起，他因涉嫌“兵变”而遭免职软禁 33 年。1990 年，孙立人病逝于台北。

庐江县金牛镇有孙立人故居，位于金牛山半山腰处，坐北朝南，是一座晚清风格的

孙立人故居

小四合院，是孙立人24岁结婚时的住处。肥西三河镇有孙立人故居，供人们缅怀。

戴安澜：“黄埔之英，民族之雄”

戴安澜小时候家境清贫，但志向高远，从安徽公学高中部毕业后，他投笔从戎。为了表达自己镇狂飙于原野、挽巨澜于既倒、誓死振兴中华的凌云壮志，他正式改名为“安澜”。

1926年，戴安澜从黄埔军校第三期毕业后，参加了北伐战争，因作战勇猛，在很短的时间内便从排长晋升到团长。1933年2月，时任团长的戴安澜率部参加长城抗战，在古北口重创敌军。抗战全面爆发后，戴安澜历任国民党军旅长、副师长、师长，率部参加了保定、台儿庄、武汉、长沙、昆仑山等多次重大战役，屡

戴安澜照片

立战功。1939 年 6 月，授陆军少将衔。

血战昆仑关是戴安澜青史留名的重要战役之一。1939 年 12 月，日军重兵进占昆仑关，国民党第三十八集团军第五军奉命主攻昆仑关，时任二〇〇师师长的戴安澜率部作为主力，担任正面攻击任务，与日军反复争夺昆仑关，两次得而复失。第三次攻克昆仑关，歼敌 5000 余人，击毙日军旅团长中村正雄少将。

参加中国远征军赴缅作战，是戴安澜军事生涯的光辉顶点，也成了他生命的绝唱。1942 年 3 月，戴安澜率二〇〇师作为先头部队抵达缅甸南部的小镇东瓜，遭日军重兵包围。戴安澜写下“誓与东瓜共存亡”的遗嘱后，集结全师兵力与人数 4 倍于己的日军浴血拼搏，坚持 12 个昼夜，歼灭日军 5000 多人，在中国远征军战史上写下了光辉的一页。5 月，中国远征军受挫。戴安澜带领部队分散突围，在缅北丛林的一次激战中胸腹部受重伤，后因伤口溃烂感染牺牲。将士们用担架轮流抬着他的遗体，走回国境。7 月 31 日，广西全州上万人为他举行了隆重的葬礼。

中国共产党高度颂扬戴安澜将军的英雄气概。周恩来题写挽词：“黄埔之英，民族之雄。”2009 年 9 月，戴安澜入选 100 位为新中国成立作出突出贡献的英雄模范人物名录，2014 年 9 月，入选中国首批 300 名抗日英烈名录。

商海翘楚

水涌山跌，道阻且长，勤劳务实的安徽人以特有的气质化为一路风骨，成就了闪耀至今的奋斗精神。

千百年来，更是有不少安徽人走出家园，以勤劳和智慧经营生意，创立品牌。江春为“扬州八大总商”之首，留下了“以布衣结交天子”的荣光；“张小泉”走进千家万户，一把剪刀行天下；“胡开文”墨韵优雅，扬名万国博览……

以诚待人，义利兼顾。以胡雪岩等为代表的一批徽商，以“徽骆驼”的韧性和诚实守信的精神雄踞商海之巅。

43 张小泉：剪刀名天下

人物档案：

张小泉，生卒年不详，徽州府黟县（今安徽黟县）人。我国商标注册史上第一批注册商标“张小泉剪刀”的创始人。

张小泉画像

明末清初之际，皖南黟县有一位名叫张思家的铁匠，为逃避战乱，携家眷迁到了杭州，在隍山脚下的大井巷搭棚盘灶，架起炉砧，开设了一家“张大隆剪刀铺”。

他打出的剪刀，锻工精细，刀口锋利，轻巧灵活，顺手合用，而且价钱公道，因此深受顾客欢迎。

张小泉便是张思家的独子。相传他一落娘胎便跌进泉水里，所以起名“小泉”。张小泉长到三四岁，刚刚能走路，就蹲在炉边帮他娘拉风箱；八九岁，身量比砧子才高出一点点，就和父亲做对手打小锤；长成年轻力壮的小伙子后，张小泉就接过了张思家的大锤。

张小泉自小机灵聪明，肯用心学习。所以没几年工夫，张小泉不但学会了锻铁造物的手艺，还在熔、铸、锻、打、磨各方面琢磨，想了许多巧妙的方法，打铁的本领更比他父亲高出一头。他铸的犁尖，耕起田来又深又快；他打的锄头，锄起地来又轻又巧；从他那儿买的菜刀，剁骨头也不会卷口。

张小泉不断改进剪刀质量，选用优质钢材，创造“镶钢工艺”，把铁的相对

张小泉剪刀

柔软与钢的坚硬有机地结合在一起。刃口镶钢，使其锋利耐用；剪体用铁，则易弯曲造型，真正达到刚柔相济的极妙效果。这一技术原理，今天仍在一些刀剪产品的制造中应用，现代科技还无法将其完全替代。

工艺精良的口碑传播出去后，吸引了众多的外地顾客，却引起同行的眼红，许多人冒充他家的牌子，导致张家信誉受损。张小泉便在剪刀上刻上“张小泉”字样，承诺包退包换，不管生意大小，对待顾客一视同仁。如此一来，生意越做越顺，“张小泉”的名气越来越响。

张小泉为后人立下了“良钢精作”的祖训，经一代又一代张家人的恪守奉遵，业已成为一种“张小泉”特有的工匠精神。清康熙二年（1663），张小泉儿子张近高接管店务，为避假冒，在“张小泉”三字后加上“近记”字样，延续至今。由于质量上乘，“张小泉”剪刀被乾隆皇帝钦定为贡品。

“张小泉”还是我国商标注册史上的第一批注册商标，获准于我国历史上第一部商标法颁行之初的清光绪三十年（1904）。数百年来，“张小泉”铸就了我国民族工业史上诸多辉煌。

“张小泉”曾于1909年南洋劝业会、1915年巴拿马博览会、1926年费城世博会、1929年首届西湖博览会上相继获得大奖。1912年，“张小泉”率先将镀镍抛光技术应用于剪刀防腐，开中国传统民用剪表面防腐处理之先河。1919年，获北洋政府农商部68号褒状……

今天，当我们再度倡导“工匠精神”、强调品牌价值时，别忘记早在三四百年前，一个锻造剪刀的铁匠已经为我们树立了榜样。

44 王致和：臭豆腐香飘万家

人物档案：

王致和，生卒年不详。宁国府太平县（今黄山市黄山区）人。清康熙年间进京赶考落第，滞留京城。为谋生计，他做起了豆腐生意，“王致和”品牌至今已有300多年历史。

王致和画像

说起“王致和”，北京人都感到亲切，其创始人王致和的故事也充满戏剧性。

王致和原本想通过读书求取功名，进而一展宏图。他早期科举如意，获得了举人身份。清康熙八年（1669），他进京赶考，名落榜外，钱也花完了，只好滞留京城。

在京城靠什么为生呢？幼时曾在家做过豆腐的王致和便在所住的北京前门外延寿寺街羊肉胡同“安徽会馆”内，用手推小磨每日磨上几升豆子，做成豆腐沿街销售。但他内心还是在等待下一科赶考，考取后才好回家见父老乡亲。

盛夏的一天，大槐树上蝉声不断。王致和挑着豆腐担架回来，见还有豆腐没卖完，心中很是舍不得，便将豆腐切成四方小块，配上盐、花椒等作料，像腌鱼一样腌于小缸中。随后，他歇伏停磨，一心攻读书本，竟忘了此事。

秋凉后，王致和重操旧业，猛然间想起那小缸豆腐，连忙打开，未曾想臭味扑鼻，定神一看，豆腐已变成青色。王致和本是穷怕了的，哪舍得扔了？他大着胆子尝了一口，不料别具风味。他给邻里品尝，大家都说好吃。

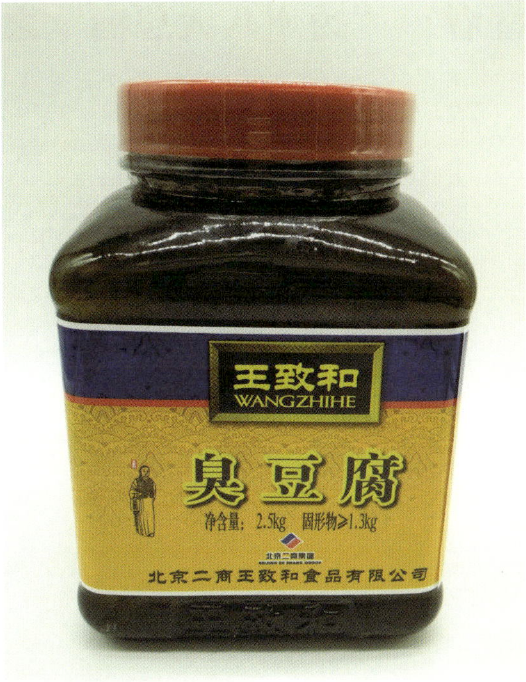

王致和牌臭豆腐

王致和屡试不中，于是尽心经营起臭豆腐来。康熙十七年（1678），他便在延寿寺街西路建作坊立招牌："王致和南酱园"，雇师招徒，以经营臭豆腐为主，兼营酱豆腐、豆腐干及各种酱菜。

不久，臭豆腐销路扩大到东北、西北、华北各地。经多次改进，臭豆腐于清末传入宫廷御膳房，成为慈禧太后的一道日常小菜。慈禧太后不喜臭豆腐其名，便赐名"青方"。坊间还是喜欢叫臭豆腐，因为慈禧的赐名，它身价倍增。

王致和毕竟是读书人，很会做品牌。由于慈禧喜欢，他在"王致和"门前的三块立匾上加彩绘龙头，象征"大内上用"之意。"王致和南酱园"六个字刻为两块匾，分别由状元孙家鼐、鲁琪光所题。孙家鼐还写了两副藏头联，一曰："致君美味传千里，和我天机养寸心"；另一副曰："酱配龙蟠调芍药，园开鸡跖钟芙蓉"，冠顶横读为"致和酱园"。这样一来，"王致和"生意越做越兴旺，成了数百年的金字招牌。

45 江春："扬州八大总商"之首

人物档案：

江春（1720—1789），字颖长，号鹤亭，又号广达，古徽州府歙县人。清代著名盐商，为清乾隆时期"扬州八大总商"之首。

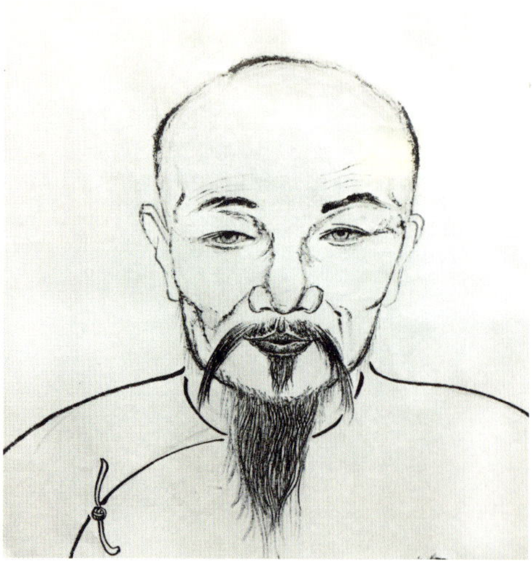
江春画像

"扬州故事律中横，读句犹如到古城。一夜堆盐成白塔，闻来哪个不心惊。"这描述的是徽商巨富江春的故事。

江春出身盐商世家，祖父江演幼年至扬州，靠经营盐业吃饭。当时扬州是两淮盐业管理和集运的中心。江春父亲江承瑜曾为两淮总商之一。22岁那年，江春参加乡试，但名落孙山。虽未能中举，其聪明才智却在商界得以施展。他弃文从商，协助父亲经营盐业。父亲去世不久，江春接任两淮总商。乾隆时期，扬州盐业最为鼎盛，出现了江春、黄均泰、马曰琯、马曰璐、鲍志道等八大总商，江春居首。

江春"一夜堆盐成白塔"的传说至今流传。乾隆皇帝游览扬州，信口问道：瘦西湖有无白塔？豪吏巨商无言以对，唯江春随口说有。乾隆当即降旨，明日至瘦西湖观塔。其实湖畔无塔，这欺君之罪如何了得？江春事后心急如焚，忽然灵机一动，连夜派人搬运食盐，用盐堆起了一座白塔。翌日，蒙蒙大雾弥锁湖光山色，艘艘画舫荡开碧波轻烟，乾隆在画舫上透过朦胧的雾气，隐约间看见了巍峨矗立的白塔，龙颜大悦。乾隆离开扬州后，江春在盐塔基地上赶建了一座白塔。

清代盐运实际是官办商营，盐商受控于官府，产销、定价由官府分配。获利甚多的盐商不能不对朝廷有所表示，因此凡遇国家大事，诸如用兵、河工、灾荒、南巡等，盐商都须捐输银两，这已成惯例。江春深谙其道，充当首总的20余年中，他组织盐商领衔捐输就有6次，银两总数达1200万两之多。而乾隆6次南巡，江春为接驾专门修建了净香园、康山草堂等8处园林建筑，乾隆为此赋诗题额。

身为“扬州八大总商”之首，江春到底有多少钱？据《两淮盐法志》记载：乾隆十六年（1751），至乾隆四十九年，江春与他人“急公报效”“输将巨款”达白银1120万两之多。虽然长期客居扬州，江春却一直生活与拼搏在他刻意营造的徽州氛围中：住的是徽派特色的别墅以及私家园林，吃的是从老家徽州带去的家厨团队做的徽菜佳肴，玩乐的是自家组建的“德音班”“春台班”等徽班，甚至于平常会话，也因为乡人聚居的缘故而照旧使用家乡话。

有两件事儿特别值得一提，一件是江春家的“春台班”，乾隆五十五年，与“三庆班”“四喜班”“和春班”一道，奉旨入京为乾隆八十大寿祝寿演出。这就是历史上的“四大徽班”进京。另一件是江春接驾乾隆宴，就是由他的家厨团队根据江春的设计精心烹制而成，得到了乾隆的夸奖。

江春晚年家财耗费一空，乾隆居然两次赏借皇帑55万两白银，也就是借他本钱做生意。江春去世后，乾隆又赏赐其子江振鸿5万两白银，作为营运盐业的资本。一介布衣商人，获帝王如此恩宠，史所罕见。

46 胡天注："胡开文"墨业创始人

人物档案：

胡天注（1742—1808），原名胡正，字柱臣，号在丰，安徽绩溪人。著名徽商，"胡开文"墨业创始人，清代乾隆时期制墨名手。

胡天注画像

绩溪上庄村口水圳边，有一座胡开文纪念馆，为"通转楼"式古建筑。这里陈列着胡开文首创的各种名墨的复制品，如骊龙珠、古瑜糜、千秋光等。在这里，人们能了解中国制墨业的发展，见证胡开文墨业数百年的沧桑。

明代中期以后，在整个徽州地区，出现了"徽人家传户习"的制墨景象，使得徽州成为全国制墨业中心。到了清代，因为社会经济、文化的发展，日常书写量加大，对墨的需求大大增加，徽墨更加兴盛，并涌现徽墨四大家：曹素功、汪近圣、汪节庵、胡开文。其中胡开文是后起之秀，最后却发展成"一枝独秀"的局面。

"胡开文墨"的创始人本名胡天注，少年时去徽州休宁县汪启茂墨店当学徒，诚实勤劳，精于店务，深得老板器重，被提升为推销员。他在跑码头、奔商埠中含辛茹苦，为创业积蓄资金。后来，他娶了汪启茂独生女为妻，继承了汪启茂墨店，并取徽州府孔庙的"天开文苑"金匾中间两字，冠以姓氏，打出"胡开文墨庄"店号。

胡天注所处的清代咸丰、同治时代，由于战乱和社会腐败，徽州制墨业正在逐渐衰退。胡天注继承岳父的墨店时，店铺已濒临倒闭，摆在他面前最大的难题是如何重振店业。

常年的学徒生涯和推销经历，让胡天注不仅精通制墨工艺，对市场的需求也知之甚详。他认为要打出自己的品牌，首先必须制良墨、广销路，其次要在激烈竞争的徽墨市场中有自己的特色。

胡开文墨

定下方向之后，他立刻采取行动。一是重用墨模雕刻、设计人才。他曾不惜耗费巨资，派专人去搜集圆明园、长春园、万春园、北海、中南海等的蓝图，邀请名家名匠重新绘制雕刻，终于制出了《御园图》墨 64 块。二是有一套生意经。他经常派出他的 9 个儿子到全国各地销售墨锭，扩大影响。三是注重墨的质量，以“造型新颖，墨质精良”压倒诸家。

自此，“胡开文”店号发展迅猛。到 20 世纪 30 年代，除休宁胡开文墨庄、屯溪首起胡开文老店外，“胡文开墨庄”先后在歙县、扬州、杭州、上海、汉口、长沙、九江、安庆、南京等地，或设分店，或开新店，其经营范围几乎覆盖大江南北。

胡开文善于“营销”，讲求诚信。传说第二代胡开文（胡天注次子胡余德）曾造出一种墨，声称在水中浸泡多长时间也不溶化散色，因此慕名购此墨的人越来越多。一日，有位游学的先生访问休宁，购买了一布袋这种墨。不巧，他过河时跌了一跤，连人带墨都倒在河水里。上岸后，黑墨水淋了他一背，打开袋子一看，原来墨经水浸泡，有的已溶化。游学先生背着这袋墨找了过来。胡余德开始不信，游学先生当场以盆盛水，将墨浸入其中，不久，便见墨裂色散。胡余德当下连声道歉，以一袋“苍佩室”精品墨赔还。此后，他便令所属各店各坊，立即停制停售，并以高价买回已售出的这种墨。

在徽墨四大家中，胡开文以善做药墨闻名，被誉为“药墨华佗”。让他成为一代药墨宗师的是他创制的八宝五胆药墨，他以熊胆、蛇胆、青鱼胆、牛胆、猪胆等，和入水牛角、羚羊角、蟾酥、珍珠、牛黄、麝香、朱砂等 8 种珍贵药材入墨，加入木材制成凉血止血的八宝五胆药墨，对皮肤病、咽喉疾病、痈疽疮疡等疗效明显。

⑰ 王茂荫：《资本论》唯一提及的中国人

人物档案：

王茂荫（1798—1865），字椿年，号子怀，安徽歙县人。清朝货币理论家、财政学家，是唯一被《资本论》提到的中国人。

王茂荫画像

马克思在《资本论》中提到过680多人，其中唯一的中国人就是王茂荫。马克思这样写道："户部右侍郎王茂荫向天子上了一个奏折，主张暗将官票、宝钞改为可兑换的钞票。在1854年4月的大臣审议报告中，他受到了严厉的申饬。他是否因此受到笞刑，不得而知……"

这中间还有一个故事。陈启修是第一个全卷翻译《资本论》的人，马克思原文中的"Wan—Mao—In"，被陈启修译成了"万卯寅"。1936年，郭沫若读《资本论》时，对"万卯寅"这个人感到陌生，他结合清代编年史《东华续录》中的记载，确认"万卯寅"就是王茂荫。

清道光十二年（1832），王茂荫在京城考中进士，不久授户部主事，升员外郎。

晚清时期，官场腐败相当严重，所谓"一任清知府，十万雪花银"。王茂荫在户部管钱，数不清的雪花银子从他手头过，有许多人求他办事，可是他牢记祖母方太夫人的家训，洁身自好。史料记载：他"性清淡，寡嗜欲。京宦三十载，恒独处会馆（歙县会馆）中。自木简约，粗布粝食，处之宴如"。王茂荫在京做官30年，也不带家眷。他的夫人吴氏到京城探亲，去时将纺车也带上，怕耽误了纺纱织布。可见，王茂荫生活何等清苦，为官何等清廉。

王茂荫故居

王茂荫生性耿直，遇事敢发表意见，即使与上级意见相左，也毫不保留。在咸丰、同治两朝，他先后上了 100 多份奏折，都是国计民生大事。同治皇帝评价他“志虑忠纯，直言敢谏”。

因为太平天国起义，朝廷财政出现危机。咸丰实行币制改革，一是发行钞币，二是铸颁大钱。王茂荫是发行钞币的首倡者，铸颁大钱的反对者。铸大钱和无限制发行不兑换银钞等各种主张，实际都是用通货膨胀的方法来缓和财政危机。对此王茂荫一再上疏，决不妥协，因而得罪了自己的上司户部尚书花沙纳，得罪了亲王大臣，甚至得罪了对他有知遇之恩的咸丰皇帝，结果受到“申饬”，被调离户部。

王茂荫淡泊名利，他的歙县老乡翰林许承尧一再声称：王茂荫讲真话足以名留千古！没料到因写进了《资本论》而流芳百世。王茂荫去世前曾平静地告诫后人说：“吾以书籍传子孙，胜过良田百万；吾以德名留后人，胜过黄金万镒。自己不要什么，两袖清风足矣！”

王茂荫故居位于歙县城南义成村，建于清中叶。主屋三楹，厅名“敦仁堂”，匾额为李鸿章手书。

48 胡兆祥：创办“胡玉美”

人物档案：

胡兆祥（1805—1883），字国瑞，号芝田，安庆人，祖籍休宁。创立了“胡玉美”品牌蚕豆酱。

许多人到安庆，都要听一听黄梅戏，品尝地道的“胡玉美”蚕豆酱。

“胡玉美”创立者胡兆祥是黟县西递村胡氏后裔。传说这个村子的胡姓原本姓李，始祖是唐昭宗李晔之子昌翼。当时，朱温入侵宫廷。慌乱中奶娘和她丈夫将他带到了徽州婺源考水，后来，他便随奶娘丈夫姓胡。

昌翼后裔一直居住在婺源考水。直到有一天，胡昌翼的第五代后人胡仕良从婺源去南京，经过西递的时候，被这一派青山绿水打动了，便迁了过来。他们耕读传家，以明经别其氏，称为“明经胡”。

传到十一世时，胡兆祥的祖上搬到了休宁演川。清康熙六年（1667），江南省分为江苏、安徽两省，安庆成为安徽省会。胡氏十六世祖胡元彬，也就是胡兆祥的曾祖，他心想要让子孙生活得好，就要搬往省会，便举家迁到怀宁。

当时安庆地区普遍种蚕豆，家家户户制作蚕豆酱。安庆大大小小的山上有一种植物叫黄荆杈，用它铺在蚕豆上发酵，豆酱有一股清香，特别诱人。

胡兆祥在乡村长大，从小勤快，跟着家人制酱，味道非常好。他决定在省会打开销路，1830年，携家口在安庆开了一个叫“四美酱园”的家庭作坊，制作一些黄酱和酱油。

没有品牌，自然没有销路。胡兆祥每天挑着担子上街叫卖，他为人精明，同时恪守商业之道，很快赢得了市场。大家都喜爱他的黄酱，用这酱烧鱼煮肉，味道鲜美，有一股浓郁的香味。他便给自己的酱取了名字叫“胡玉美”。

那时候，正赶上太平天国、捻军起义，长江中下游一带天天打仗。许多人躲到乡下，胡兆祥则看到了机会。因为军队远征，需要携带大量的酱菜，胡家的生

“胡玉美”厂

意也就跟着兴旺起来了。

胡兆祥重视子女读书。他有两个儿子，胡椿为从九品官，次子胡杰为国学生。大女婿周瑞弥为邑庠生，次女婿诸登瀛也是国学生。1883 年，胡兆祥去世，临终时告诉家人要把胡氏酱业做好，诚信经营。

胡家子女将胡兆祥葬在怀宁县洪铺镇五桥村。他们恪守父训，1889 年，又在仿制川酱的基础上加以改进，摸索出独具特色的制酱方法，酿出辣味不重、味道鲜美，更适合长江中下游地区人们口味的蚕豆酱。这种酱既可做家常佐餐、宴席素菜，又便于旅途携用，因而广受好评，畅销四海。

19 世纪末 20 世纪初，随着业务发展，“胡玉美”不仅在安庆设立多处分店，还在上海、南京、汉口等地设立分店或经销处。产品也不断增多，新添罐头、冷饮、糕点、药酒等多个品种，尤以流传甚久的蚕豆辣酱、虾籽酱油等最具特色。1911 至 1929 年，“胡玉美”酱荣获巴拿马万国博览会、西湖博览会、南洋劝业展览会等金银奖章九枚，由此声名大振，享誉中外。

㊾ 胡雪岩：红顶商人

人物档案：

胡雪岩（1823—1885），本名胡光墉，安徽绩溪人。清代徽商代表人物。

胡雪岩画像

绩溪有个胡里村，一度改名“湖里”。这里原来居住的是绩溪“明经胡”。北宋开宝年间，绩溪县令胡延政认为这里是风水宝地，便定居于此。明代时，周姓迁居并繁衍兴旺，超过了胡姓。周姓提出改村名，一度引发官司。县令根据“湖（胡）里行舟（周）”的寓意进行调解，将“胡里”易名为“湖里”。

胡雪岩故居是一幢二层楼房，正面像一只元宝，虽然比不上杭州“胡庆余堂”，然而光滑的青石板在村庄里蜿蜒穿梭，烙下了胡雪岩坚实的脚印。

胡雪岩幼时家境贫苦，以给富户放牛为生。从粮行到火腿行，再到钱庄，几年时间，他完成了从放牛娃到钱庄学徒的身份转变。在他“职业生涯”的早期，不乏一些“贵人”的帮助，但更重要的是他诚信为人、勤奋好学、用心精微的品格起到了关键作用，最终他开起了自己的钱庄——阜康钱庄。

胡雪岩的钱庄开业不久，驻杭州绿营兵的千总罗尚德就存入1.2万两银子。原来，罗尚德投身军营前欠下巨债，经过13年的省吃俭用终于攒了1.2万两银子。这

胡雪岩纪念馆

时他接到与太平军打仗的命令，因无亲眷相托，只好拿到胡雪岩钱庄来存储。

不久，罗尚德阵亡。他在生前委托两位同乡将自己在钱庄的存款提出来还债。这两位老乡手头没有任何凭证，他们原以为会遇到刁难。胡雪岩得知后，马上为他们办理手续，照算了利息。经过此事，钱庄的声誉一下子在军营中传开了，许多官兵都把自己的积蓄长期存入胡雪岩的钱庄。

清同治十三年(1874)，胡雪岩又开始筹设胡庆余堂，以一个熟药局为基础，重金聘请浙江名医，收集古方，选配出丸散、膏丹及胶露、油酒的验方四百余个。当时，战争频繁，疠疫流行，“胡氏辟瘟丹”“诸葛行军散”“八宝红灵丹”等药品备受欢迎。六年后，胡庆余堂资本达到280万两银子，与北京的百年老字号同仁堂南北辉映。

胡雪岩一方面积极经营，另一方面结交权贵。他与当时的权臣左宗棠关系深厚。清光绪二年（1876），为收复被阿古柏匪帮窃据达十年之久的新疆，陕甘总督左宗棠挥师西进，经济上得到了胡雪岩的资助。同时，在左宗棠的举荐下，胡雪岩也因为协助收复新疆有功，被授予布政使衔（三品），赏穿黄马褂，官帽上可带二品红色顶戴，并总办“四省公库”。“红顶商人”胡雪岩由此得名。

由于商业上的持续成功，胡雪岩难免有些自大，在生意上贪多务得，还掀起中国企业史上第一场中外大商战。胡雪岩耗银 2000 万两在上海开办蚕丝厂，企图垄断丝茧贸易，将国内生丝收购一空，引起外商联合抵制。外商不从胡雪岩手上购买生丝，导致他不但久囤货损，资金也面临断链的风险。加之左宗棠和另一位权臣李鸿章政见不合，相互倾轧，胡雪岩夹在中间也遭殃了，被朝廷抄家。在民众挤兑胡雪岩钱庄的情况下，胡氏商业大厦一夕崩塌。

胡雪岩纪念馆内景

50 周馥：洋务运动的操盘手

人物档案：

周馥（1837—1921），字玉山，号兰溪，谥悫慎，安徽至德（今东至）人。周馥初为李鸿章文牍，协其兴办洋务三十余载，在北洋海军、武备学堂、天津电报局及开平煤矿创办过程中均有作为，是后期洋务运动实际上的操盘手。

周馥照片

周馥4岁开始读书写字，师从当地名士王应兆，原本是可以获取功名，只因太平军打到安徽，功名之事遂化为泡影。一个偶然的机会，李鸿章看到了周馥书写的账本，见字迹端正清秀，有山岚之气，大为赞赏，于是延请为幕宾。这一年，周馥25岁。

周馥紧跟李鸿章，随时听候吩咐，大小事等无一贻误。打太平军的时候，江苏巡抚李鸿章亲自督师苏州、常州，周馥受命掌管李鸿章的大印，随李出征。青旸镇一仗，淮军俘虏太平军1000余人，李鸿章对周馥说："闻各军所俘多杀之，尔为我戮其半！"周馥再三思考，感觉不妥，经过连夜提讯，发给绝大部分降卒每人一斗米而遣散。李鸿章知道后十分认可他的做法，从此更加器重他。

1894年甲午海战时，周馥负责在前线调护诸将，收集散亡，转运军需，"艰难数月，死生以之"。溃败后，李鸿章去职，周馥与其共进退。1898年底，李鸿章复出，受命治理黄河，又唤来老部下周馥相助。周馥走遍黄河上下两千里，历经数月，精心撰写出《治河法十二条》。

在李鸿章的力荐下，周馥于1900年出任直隶布政使，帮助李鸿章办理洋务，创

残存的周氏祠堂

办了天津电报局、北洋电报学堂、北洋水师学堂、天津工程局、天津武备学堂、天津机器局等，并第一次在中国兴修铁路，以解决运煤的困难。

周馥历任直隶按察使、四川布政使、直隶布政使、山东巡抚等职，直至两江总督、两广总督，威震一方。李鸿章去世，周馥悲痛万分，赋诗以示纪念。

周馥有六个儿子，除三子周学涵早夭外，其余皆凭借其父亲的影响力，加之各自的才华，加入了洋务的洪流，都取得不俗的业绩。其中影响最大的是老四周学熙，被称为“北方实业巨头”，与南方的状元实业家张謇并称“南张北周”，开创了周氏家族新格局。

李鸿章去世后，袁世凯被任命为直隶总督兼北洋大臣。袁世凯上任之初，看中了周学熙，要他马上出来为朝廷兴工商、办实业、掌财政，其中迫在眉睫的就是主持银圆局，铸造铜圆，以解钱荒。

这个时候的周学熙在天津实业界已崭露头角，升任北方的大型国有企业开平矿务局的总办（经理）。他做了两件事情令世人刮目相看，一件是举世震惊的夺回开平煤矿的矿权问题，另一件是再办唐山水泥厂。袁世凯嘱咐周学熙在天津为他创办造币厂，铸造铜圆。周学熙奉命后，招募工匠，精心谋划，改旧创新，仅用三个月时间，一座新的造币厂就诞生了，每日出钱60多万枚，于是工商业得以接济，社会渐趋安定。

周学熙曾两度出任财政总长，任期内所创办的实业有数十项，京津一带的工商业面目为之一振，士绅竞相办企业，蔚为大观。他所创办的其他大中型企业，更是关乎当时中国工业的全局，有的在半个世纪后，仍是同行业中的骨干企业，如启新洋灰公司、滦州矿务公司、华新纺织公司、中国实业银行、北京自来水公司，等等。这些近代著名企业，奠定了周学熙"北方实业之父"的地位，把中国北方的近代工业带上了一个新台阶，也把整个周氏家族带上实业救国之路。

周馥家族传至第三、第四代，收藏家、教授辈出，比如"集邮大王"周今觉、实业家兼收藏家周叔弢。到第四、第五代，周氏家族就完全转型为学者型家族，他们家的教授多得能办一所大学，知名的有数学系教授周炜良、历史系教授周一良、生物学家周启昆、古籍整理和研究专家周启成、信息技术专家周启鸣等。

科坛星耀

人类的天空群星闪耀。夜色苍茫，万物一新。有些在当时看似微末之事，却在更长的时间尺度里光芒四射，耀眼夺目。

从神医华佗到新安医学，从王蕃问天到量子飞天，安徽人从未停止向未知世界探寻的步伐。当我们放眼历史，一批科学探索者闪烁着耀眼的光芒。华佗被誉为神医，王蕃挚爱天文学，汪机发展新安医学，程大位推动珠算进步，胡正言拓展出版……

进入20世纪后，科学技术迅速发展。安徽科技人才不断涌现，郑大章、叶笃正、慈云桂、邓稼先、程开甲、杨振宁等人取得令世界瞩目的成果，成为国家和民族的骄傲。

51 华佗：一代神医

人物档案：

华佗（约145—208），东汉沛国谯县（今安徽亳州）人。世界上第一位发明麻醉剂“麻沸散”及针灸医病的先驱者。

许多医院和药厂都会立着神采奕奕的华佗塑像，以表达对这位家喻户晓的历史名医的崇仰之情。华佗以聪颖的天资、执着探索的精神、悬壶济世的医者仁心，奠定了当时中医外科医学的世界领先地位，以至后人称赞一位医师医术高明，常说“华佗再世”。

今天的亳州有华佗纪念馆，又名华祖庵、华佗庙，始建于唐宋年间，由庙祠、故居、古药园三个院落组成，是研究华佗学术的中心。

华佗塑像

华祖庵

华佗父亲靠教书为生，母亲帮人家织布纺纱，一家人生活算得上幸福。可是有一天，华佗父亲肚子疼，得急病去世了。

华佗很伤心，决定去城里找父亲的朋友蔡医生学医。蔡医生想考考华佗，指着两只斗红了眼的山羊说："你能把这两只山羊拉开吗？"华佗拔来两把鲜草放在羊的旁边，斗架的羊一见鲜草忙分开抢草吃。蔡医生见华佗如此聪明，便收他为徒。

华佗学习刻苦，一年后认识了不少药草。他开始到药铺抓药，可是师兄们欺负他年幼老实，一杆秤不让华佗沾手。华佗看着师傅开单的数量，用手掂量一下药包，这样天长日久，居然练就了手当秤的本事。

有一年，天气炎热，丁家坑李寡妇的儿子在涡河里洗澡溺水了。大家找来蔡医生，蔡医生见孩子双眼紧闭，肚子胀得像鼓，便叹气说："孩子难救了。"

华佗过去摸了摸脉，说："我来试试吧。"他叫人牵头牛来，把孩子伏在牛

华佗五禽戏塑像

身上控出水，然后放平孩子，用双腿压住他的腹部，一起一落地提起他的双脚，孩子竟然睁开了眼。

华佗令人起死回生的消息传开了，有人劝他开业行医。华佗不急着开业，而是到徐州一带寻访名医，探索各种疑难病症的疗法。

华佗给人看病，不仅仅开药方，还进行手术。为了减轻病人开刀的痛苦，华佗通过反复试验，发明了最早的麻醉药“麻沸散”。

华佗还精通针灸治病，对普通病症，他只要几次施针就能治好。大家称他是“神医”。

传说，一代枭雄曹操有很严重的偏头痛，请了很多医生治疗，都不见效。听说老家有个叫华佗的医术高明，便派人请他医治。华佗建议他进行开颅手术，摘除病根。生性多疑的曹操一听，勃然大怒，认为华佗是要谋害他，把他关了起来。在监狱中，华佗将自己多年的医病经验及药方，整理成三卷医著《青囊经》。华佗弟子中著名者有吴普、樊阿、李当之等人。其中，吴普著有《吴普本草》，李当之著有《李当之药录》，他们传承、发展了医术。

华佗还编排了一套模仿猿、鹿、熊、虎、鸟等五种禽兽姿态的健身操——“五禽戏”。这套操能强身健体，被列入国家非遗名目。

52 王蕃：三国时期天文学家

人物档案：

王蕃（228—266），三国时庐江郡（今安徽潜山，一说宿松、庐江）人。天文学家、数学家。著有《浑天象说》等，能精确地测定黄赤交角，对天文学作出了重大贡献。

吴建兴元年（252），一位年仅25岁的青年意气风发地立在船头，看着两岸的风光。原来是吴主孙亮召见他，新的命运也在等待着他。

王蕃画像

这青年就是王蕃。他从小就喜爱读书，尤其喜爱研究各种天文现象，日月星辰，乃至刮风下雨他都非常了解，因此名声大震。孙亮听说他“博览多闻、兼通数艺”，非常钦慕，希望他能效力东吴。

在朝廷上，王蕃自信地对答孙亮及群臣的问题。孙亮见他一表人才，学识渊博，便拜他为尚书郎，让他在朝中协助处理日常文案政事。许多时候，有不懂的天文现象，孙亮总是向王蕃讨教，用他对天气的预测去指导农业生产。

然而，王蕃志向不在当官，内心喜欢读书做学问。加之目睹官场明争暗斗，他感到失望，甚至厌恶，便愤然辞官返乡了。

6年后，孙休继位。他想到了王蕃，决定启用他，特拜他与贺邵、薛莹、虞汜等人为散骑中常侍，加驸马都尉。王蕃无法拒绝，只好重新回到东吴，成为孙休的亲近大臣。

为了报答知遇之恩，王蕃竭尽所能，孙休很信任他，特派他代替自己会见蜀国后主刘禅。刘禅软弱无能，只求安逸，不敢联合东吴抗魏。王蕃晓之以理，动之以情，出色地完成使命。孙休决定封赏，任命他为夏口（今武汉黄鹄山）监军。

又是6年后，23岁的孙皓即位。孙皓是吴大帝孙权之孙，废太子孙和之子。开始，孙皓尚能够抚恤人民，开仓赈贫。但是一段时间后，他凶顽残暴的性格便显露出来了，变得粗暴骄盈，暴虐治国，又好酒色。

王蕃本来已经归隐家乡，但被孙皓召回，仍然做常侍。目睹孙皓荒淫无度，无故滥杀忠臣，耿直的王蕃常常规劝，甚至当庭直对。有一次，把孙皓说得面红耳赤下不了台。为此，孙皓内心恼怒，决定杀掉王蕃，与王蕃有嫌隙的同僚又百般诋毁，甘露二年（266），一次大宴群臣之机，孙皓以王蕃醉酒失仪的罪名喝令卫士将王蕃杀了，将首级掷入深山峡谷。这一年，王蕃年仅39岁。对于他的死，吴丞相陆凯说："王蕃之死，郡内伤心，有识悲悼。"

王蕃精通天文学和数学。在天文学上，他根据张衡的浑天说和自己长期观察天象的实践经验，重新精心制作了浑天仪。这个浑天仪的科学之处在于标明天球与日月星辰的运行，从而说明冬至、夏至、春分、秋分等节气和昼夜长短的原因，并且据此制订历法。在数学上，他求出圆周率为3.1556，与祖冲之的"祖率"（3.1415926与3.1415927之间）非常接近。

王蕃撰有《浑仪图记》《浑天象说》，并根据《周礼》记载，推测太阳距离其下临之地为8万里，用勾股求弦方法算出太阳距离地中阳城（今河南登封）的距离，再以阳城为中心，以阳城与日距离为半径，求得周天长度，这是了不起的天文学成就。

53 汪机：新安医学奠基人

人物档案：

汪机（1463—1539），字省之，别号石山居士，安徽祁门人。新安医学奠基人，著有《石山医案》《医学原理》等医书。

汪机画像

祁门是新安医学的重要发源地，历代不乏名医，其中，大历山山脚下的历溪古村，明清时期曾出过 19 名御医。也因此，历溪一直被人们誉为“中国御医之乡”。

祁门医学之所以兴盛，与一代名医汪机奠定的基础有关。《明史 · 李时珍传》中说：“吴县张颐、祁门汪机、杞县李可大、常熟缪希雍，皆精医术。”

汪机家族世代行医，祖父汪轮、父亲汪渭名重一时。当时，交通不便，但各种疑难杂症病人不远万里前来求医，都是倾慕汪家医术。

出生在医学世家的汪机很聪明，父亲让他好好读书，攻读经史，准备走科举之路。不幸的是，做医生的父亲汪渭得了病，医治无效去世。这对汪机打击很大，他把志向转向医学。

汪机带着决心，努力钻研诸家医学经典，取各家之长，融会贯通，医术日精，很快便青出于蓝而胜于蓝，不仅治愈了母亲头痛呕吐的疾病，而且“行医数十年，活人数万计”。他一面行医，一面总结，写的医学著述有十多部，如《伤寒选录》《医学原理》《运气易览》《续素问钞》《针灸问对》《痘治理辩》《内经补注》等。他还创制了治疗破伤风的经典名方“玉真散”。

历溪村，被誉为“中国御医之乡”

汪机注重医德，强调要重视人的生命，对危重病人也不惜“竭力治之，至忘寝食”。明嘉靖年间县内瘟疫流行，他自掏腰包救人。

汪机古稀之年仍刻意钻研，笔耕不辍，著述态度相当严谨。《石山医案》是他的代表作，全书三卷，尤其是《营卫论》一篇，提出“固本培元”学说，一举奠定了新安医学的理论根基，开新安医学派先河。汪机又被誉为“王道医师”。

汪机的墓位于祁门县祁山镇青罗寺。祁山镇山灵水秀，有“梅城十二景”，古塔、古祠、古寺、古桥、古牌坊、古民居应有尽有。这里还涌现了著名诗人张志和、方岳，武状元程鸣凤，医学家徐春甫，右仆射汪伯彦，数学家胡术五，藏书家马曰琯、马曰璐等，集丰富的自然景观与人文景观于一体。

54 程大位：珠算一代宗师

人物档案：

程大位（1533—1606），字汝思，号宾渠，徽州府休宁县率口（今黄山市屯溪区）人。明代著名数学家，珠算发明家。著有《算法统宗》，后揭其要领写成《算法纂要》。

在电子计算器之前，珠算是人们计算的通用工具。而其方便的使用方法离不开明代程大位的贡献。英国学者李约瑟曾这样评价：“在明代数学家当中，最引人注目的是程大位。”

程大位画像

程大位小时候就对数学感兴趣。从 20 岁起，他就在长江中下游一带经商。经商要计算，为此程大位专研数学，遍访名师，搜集了很多数学书籍，沉醉其中。

有一次，程大位去码头送朋友。当时码头上的搬运工在把盐搬到船上，他就问盐老板：“你要运多少袋盐？”盐老板说：“4350 袋。”程大位又问道：“那你总共有多少只船呢？”盐老板说：“考考你，有 4350 袋盐，正好把大船、小船装满。其中每 3 只大船装 500 袋，每 4 只小船装 300 袋。大船和小船的只数相同。那有多少只大船和小船？”程大位略加思索，便说：“我知道了，你有 18 只小船和 18 只大船。”盐老板惊得目瞪口呆。

大约 40 岁时，程大位回老家，在参考各家学说的基础上，加上自己的见解，开始著述。60 岁时，他完成了杰作《算法统宗》。《算法统宗》是最早记载珠算开平方、开立方方法的古算书之一，它完成了计算由筹算向珠算的转变，使算盘成为主要的计算工具。在他之前，中国没有任何关于近代珠算的完整叙述，《算

程大位纪念馆

法统宗》可谓“集成计算的鼻祖”。他还规范了珠算方法，统一算盘格式，并创作了珠算口诀。这样一来，算盘大大方便了生意人，在全国普及使用。“打得一手好算盘”成为商人安身立命的一项生存本领。

据传，明万历年间，日本派遣数学家毛利来中国学算术。毛利几经周折，最终拜访到了程大位。他给程大位出了四五道题，而程大位通过算盘三五下就给出了正确答案。毛利非常惊奇，因为程大位的速算能力至少是他的四五倍。程大位赠送毛利两本书和算盘。毛利如获至宝，回国第二年，他成功地将这两本书翻译成日文出版，开日本珠算先河。清初，珠算又传入朝鲜、东南亚和欧洲。

1578 年间，程大位发明了世界上第一把卷尺——丈量步车，这是他对明朝科学的又一巨大贡献。

程大位的故居坐落在屯溪区前园路西侧巷内，占地 540 平方米。宅第主楼坐北朝南，木结构，门楼里外挑檐，曲梁斗拱，马头山墙，故居由程大位纪念馆、祭祖楼、覃思堂、程大位专祠、宾园等部分组成，如今的程大位故居已辟作了珠算博物馆，里面置有程大位铜像、行军算盘、盲人算盘等。

程大位逝世 400 周年时，日本珠算界有很多人专程来到程大位故居纪念他。世人公认，中国是珠算的故乡，程大位是珠算界的一代宗师。

55 胡正言：出版印刷革新家

人物档案：

胡正言（1580—1671），字曰从，号十竹斋主、十竹老人、默庵老人，原籍安徽休宁。中国明代末年书画家、篆刻家、出版家。他主持的雕版印刷《十竹斋书画谱》和《十竹斋笺谱》以及他首创的“拱花”“饾版”印刷术在世界印刷史上占有重要地位。

胡正言画像

今天我们阅读明清时代的线装古书，会惊叹印制的精美，其中许多书籍出自“十竹斋”，采取套版印刷。

套版印刷是明朝印刷术的一个突出成就，这是安徽人作出的一大贡献。贡献最大的首推休宁人胡正言。

胡正言出生在一个世代行医的家庭。他小时候跟随李登学六书，精篆籀，还会造纸制墨。他还懂医学，三十岁后随父兄行医皖西，曾客居六安望江湾、霍山一带，专门为人治病。

据说，崇祯授胡正言任职翰林院，他还没赴任，清兵就攻入北京，福王朱由崧慌乱之中竟把大明朝国玺遗失。后经吏部左侍郎吕大器推荐，胡正言镌刻了龙文螭纽的国玺御宝，被授武英殿中书舍人。

胡正言隐居在南京鸡笼山侧，屋前种十余竿竹，把书斋命名为“十竹斋”，一心研究造纸、制墨、篆刻、刊书。他曾参加反清复明的“复社”，并以“胜国遗民”自居。

胡正言开了十竹斋书坊以后，开始研究印刷术。胡氏作坊印制的作品清新淡雅，气韵生动，备受同行推崇。他所发明的“拱花”“饾版”印刷法雕刻细腻、墨色精美。“拱花”是一种无色印刷，后来发展为凹凸印刷。

所谓“饾版”印刷，就是根据印色需要，经过勾描和分版，把要印刷的内容分别雕在一块块梨木做的小版上，然后再依照“由浅到深，由淡到浓”的原则，逐色套印，最后饾成一件近似于原作的彩色印刷品。由于这种分色印版状如把食物拼凑、堆叠在一起的饾饤，所以明代称这种印刷方式为“饾版”印刷，又称彩色雕版印刷，清代中期以后，才称木版水印。饾版印刷为我国出版史上的一大成就，完善和发展了刻印技术，直到今天还在使用。

作为卓越的书商，胡正言在图书经营中非常重视产品质量。他的《十竹斋书画谱》《十竹斋书笺谱》中刻印的画，多数是具有艺术代表性、典型性与示范性的著名画家的作品，有的是胡正言自书，有的是当时名家吴彬、文震亨、魏克、朱万钟等人的题绘，有的是临摹赵孟頫、唐寅、文徵明、陈道复、沈周等元明书画家的作品。胡正言在技术上追求创新，为了提高工艺，他在绘画、篆刻、书法、医学、经书、诗歌等方面都有深入的研究。他善于组织管理，为了提高图书质量，把当时最著名的画家、刻工、印刷工组织起来，共同提高画谱的质量。

《十竹斋书画谱》已成为国人初学中国画的必备参考书。书中的版画是书画界鉴赏、临摹的珍贵资料，更是精美绝伦的艺术珍品。

胡正言故居位于休宁县海阳镇。该宅始建于明末，为坐南朝北的庭院式建筑。现存部分为一明两暗的建筑形式，用料精巧，门罩砖雕有花卉、人物、鲤鱼图案。额枋饰花卉、宝瓶，木槅扇窗饰蝙蝠，很有艺术气息。

56 元亨兄弟：兽医双圣

人物档案：

元亨兄弟，生卒年不详，大约生活在明代嘉靖到万历年间。兄喻仁，字本元，号曲川；弟喻杰，字本亨，别号月川。庐州府六安州（今六安毛坦厂）人。畜牧学专家，独创兽医针灸学。著有《元亨疗马集》，被收入《四库全书》。

元亨兄弟画像

在六安市金安区的最南端靠近舒城与霍山的地方，有一座四面环山的名镇毛坦厂镇，当地的很多地名如“白马尖”“驻马冲”“走马岗”“饮马塘”“上马石”“马岭”“马道子”“马栏口”“走马埂”“马棚寺”和“养马冲”，都带有“马”字。可以想见过去的毛坦厂养马业很发达。

历史正是如此，明太祖朱元璋在南京周围的安徽、江苏一带发展养马业，安徽出现了空前的养马盛况。据《滁州志》卷五记载：“明在内地养马计有十四监所，其中在安徽境内有五监三十三群。”现在可以查到的明代养马故址就有六安、合肥、舒城、定远、凤阳、滁县、和县等九处。在集中养马的同时，朝廷还鼓励发展民牧，为了选育良种，曾专设种马免征田。

除养马业外，其他牲畜的饲养也获得相应发展。在这样的大背景之下，六安毛坦厂出了被后人称为“兽医双圣”的喻仁、喻杰兄弟，兄弟二人撰写了世界上第一部疗马著作《元亨疗马集》。

元亨纪念馆

元亨兄弟不因别人轻视兽牧业而不钻研，也不以兽医低贱而放弃此业。当时江淮地区的牲畜经常遭遇瘟疫，又因为庸医错误的治疗，死亡率很高，而经元亨兄弟药物针灸之后往往会“手到病除”。他们继承先业，收集民间的经验，并且和自己的实践紧密地结合，将中国传统兽医学推向一个新的高峰。

《元亨疗马集》分春、夏、秋、冬四卷，另附《牛经》《驼经》各一卷，约 30 万字。此书内容广泛详尽，尤其是马经部分，论述了马的五脏六腑的生理特点，《七十二症》则论述了病源、病状、预后、调养的方法，是作者临床实践的精华。这部书大量引用诗词歌赋，可见作者有一定的文学修养；《元亨疗马集》还收集了大量民间兽医经验以及不少的发挥和创见。

畜牧兽医在中国有着悠久的历史，但是兽医书籍一般在民间流传，传抄的人随抄随改，直到《元亨疗马集》的出现才改变了这种局面。《元亨疗马集》收录了现今早已散佚的中兽医典籍内容，如《贾公相牛经》《宁戚相牛经》。书中也引用了明以前的农书和主要畜牧兽医著作，包括《伯乐遗书》《师皇秘集》等书的主要内容。这部总结性的兽医经典著作被多次翻刻，广为流传，奠定了传统中国兽医学的基础，是集药物学、农学、手工业技术之大成之作，理、法、方、药俱全，被后世称为兽医学的“本草纲目”。

元亨纪念馆位于六安毛坦厂镇明清老街，分 3 个展厅，系统介绍了元亨兄弟从事兽医实践的历史，展示了多种版本的《元亨疗马集》。

57 王贞仪：谁言女儿不英雄

人物档案：

王贞仪（1768—1797），字德卿，安徽天长人。清代女科学家、诗人。代表作有《西洋筹算增删》《象数窥余》等。

王贞仪出身于书香门第，很小就跟祖父王者辅学习数学和历法方面的知识。后来，祖父在吉林任上去世，11岁的贞仪随着祖母和父亲王锡琛到吉林奔丧，在吉林居住达4年之久。这4年时间里，王贞仪继承了祖父的75柜书籍，并如饥似渴、不分昼夜地阅读。

王贞仪画像

王锡琛精通医学，以行医为业。在他的影响下，王贞仪在医药方面也颇有所获。而在诗文方面，祖母董氏在王贞仪8岁时就开始对她进行开蒙教导。在这种家庭氛围下，再加上天赋和勤奋，王贞仪逐渐成长为让人赞叹的才女。

在吉林期间，王贞仪认识了一位蒙古将军的夫人，学会了骑马和射箭，达到了弓马娴熟的程度，俨然一名塞外女子。这段塞北生活的阅历，养成了她豪放与婉约兼容并蓄的文学风格。

在王贞仪短暂的一生中，近一半的时间都在外游历奔波，幼年时代是因为祖父宦游，少年时期又跟着父亲四处行医。京、陕、皖、湘、粤一带，都留下过她的芳踪。飘萍岁月，不但没有将王贞仪的研学志向磨损，反而令其更加投入对科

有关王贞仪的书籍

学的探索中。

有一天，王贞仪关紧门窗，独自躲在屋里进行天文学方面的实验。不知不觉已到了吃饭的时候，母亲好奇地从门缝向内张望，只见桌上的水晶灯被悬挂在房梁上当作太阳，小圆桌被扳倒在灯下当作地球，而王贞仪手拿镜子当月亮。她一边移动，一边观察太阳、月亮和地球的位置以及相互间的关系，反复实验，弄清了月食等天文现象。随后，她撰写了《月食解》一文，精辟地阐述了这次实验成果。

由于生来体弱，再加上奔波、苦读、著述等方面的巨大消耗，婚后的王贞仪更是多病缠身。清嘉庆二年（1797），王贞仪染病不起。卧病期间，她和丈夫詹枚共同删定了平生诗文稿。

王贞仪的科学成就主要表现在数学和天文学两个方面：她在清代数学家梅文鼎、戴震的研究基础上，对英国数学家纳皮尔发明的算筹计算法，进行增补讲解和介绍，使之简易明了；她撰写《地圆论》《月食解》《星象图解》等科学著作，积极支持、宣传哥白尼的“日心说”，体现出科学家求真求实的大无畏精神。除此之外，王贞仪在诗词方面也颇有造诣，她的诗琅琅可诵，清新流丽，尽洗脂粉气。清代著名史学家钱大昕评价她“班昭以后，一人而已”。

王贞仪曾留下“尝拟雄心胜丈夫”的诗句。在古代中国几千年的历史长河中，会写文章、会作诗填词的才女，代有人出。然而，既精通文墨又精通医术，还精通数学和天文学的，仅王贞仪一人而已。她犹如一颗流星，在短短30年的生命历程中，发出了耀眼光芒。

58 郑复光：制造第一台测天镜

人物档案：

郑复光（1780—约 1853），字元甫、瀚香，安徽歙县人。精通数学、物理与机械制造。1842 年，撰写《费隐与知录》一书。1846 年，写成《镜镜诊痴》5 卷，集当时中西光学知识之大成。在完成此书的基础上，郑复光制造了中国最早的一台测天望远镜。

郑复光画像

郑复光出生在文化底蕴深厚的歙县，家乡许多人通过科举考取了进士，做了官。他的家人也希望他走这条路，可是他对算学等自然科学更感兴趣。

郑复光喜欢交游，便以做家庭教师或幕僚的谋生方式遍历了广东、云南、山西、甘肃、江苏、北京等地，结识了包世臣、程恩泽、何子贞、张穆等名流学者，尤其是与汪莱、李锐、张敦仁、黄超、丁守存等精于历算格致的人物交往，收获很大。

郑复光喜欢观察，并且用数学、物理知识去解释各种自然异象。他撰写了《费隐与知录》一书，对历来认为怪异瑞祥的自然现象做了搜集和研究，在当时可以说是一部有科学价值的著作。

郑复光在科学上最出色的研究是在光学方面。他从早年在扬州所看灯影戏中得到启发，经过多年精心研究，写成了《镜镜诊痴》5 卷，集当时中西光学知识

《镜镜诊痴》书影

之大成。该书扼要地分析了各种反射镜和折射镜的镜质和镜形，系统地论述了光线通过各种镜子（主要是凹、凸透镜和透镜组）之后的成像原理，具有丰富的光学知识。

在光学研究的基础上，郑复光制造了中国最早的一台测天望远镜，对神秘的天空进行了近代科学意义上的实验观测。他还对地磁现象尤其地磁偏角现象进行研究。他在著作《费隐与知录》中提出了“罗针偏东由于地脉”的地脉说。

郑复光的地脉说具有突破性意义，明确赋予了地脉以确切的力学作用，证实地脉能够对磁针施予力的作用。在地脉说中，地脉是可以超越地面而在地球附近空间存在的。他将地脉抽象为无数曲线组成的曲线族。

这些表明郑复光的地脉概念与世界著名的科学家法拉第的力线概念十分相似，而且他以中医经络说来阐述地脉，认为它自然地也在磁体内部具有。郑复光的地脉说是中国古代地磁场论的最高成就。

梁启超在《中国近三百年学术史》中，对郑复光极为推崇。遗憾的是，在当时的社会环境下，郑复光未受士林推重。晚年的郑复光对国外的蒸汽机动力理论又发生了兴趣，曾致力于战船的设计和模型制造工作，可惜时代没有给他机会。

59 郑大章：中国放射化学的先驱

人物档案：

郑大章（1904—1941），安徽肥东人。师从居里夫人，中国放射化学的先驱。

郑大章画像

店埠河自北而南流经肥东，带来了撮镇的繁华。春秋时，撮镇叫拆城，后称撮城。鼎盛时期，撮镇极尽繁华，上百家商号林立，街市上摩肩接踵。“东岳庙前，月色水声千古趣；文昌楼畔，天光云影万年春”，这是描绘撮镇的对联。

撮镇名人辈出。其中一位是居里夫人的学生、一流的大科学家——郑大章，他是中国镭学研究的先驱。

郑大章出生在风雨飘摇的清朝末年。祖父郑国魁系淮军名将，父亲郑伯衡民国初年曾任内政部部长和吉林省省长。因此，童年和少年时期，郑大章随父亲四处辗转，增长了见识。

1919 年的五四运动，给郑大章带来了空前震撼，他立下了科学救国的信念。1920 年秋，年仅 17 岁的郑大章负笈西行，到法国勤工俭学。两年后，他考入巴黎大学理学院，并选择化学作为主攻方向。

那时候，西方人看不起从贫穷落后的中国来的学生，郑大章不免受到歧视。第一学年过去，巴黎大学数学会考，名列年级第一的竟是郑大章！中国留学生考得第一，是这所欧洲名牌大学从未有过的事！

中国科学家严济慈回国前，曾郑重向玛丽·居里夫人推荐郑大章到她的实验室工作。1929 年，郑大章成为居里夫人的第一名中国留学生。自此，郑大章进入巴黎大学镭学研究所，在居里夫人的指导下从事放射化学研究。

居里夫人既在精神上鼓励郑大章为落后的祖国争气，又以自己在科学上的真知灼见影响着郑大章，并手把手地辅导他做实验、写论文。1933年，郑大章获得法国国家理化博士学位。

获得博士学位一个月后，郑大章以年迈的双亲常在梦中、故乡的河山时时萦怀为由，向居里夫人辞行返国。居里夫人极力挽留她的这位中国籍高足，但知道他矢志报国的决心后，也就欣然同意。1935年初春，郑大章携长沙籍姑娘萧晚滨踏上归国旅程。

在北平中山公园的来今雨轩，郑大章和萧晚滨举行了隆重的婚礼。蒋介石曾专门接见他们，并拨出一笔可观的休息费。但郑大章企盼立即投入工作。新婚燕尔，他即应国立北平研究院物理研究所所长严济慈的邀请，筹建镭学研究所。而立之年的郑大章，硬是凭着一个爱国青年的闯劲和一个科学家所具有的恒心及毅力，筚路蓝缕地办起了镭学所。为了开垦中国镭学和放射化学这块处女地，郑大章带着几个年轻人，查资料、订计划、找仪器、寻设备，辛苦奔波，反复实验，终使研究所初具雏形。他一系列新的研究成果和实验论文在中、法一流的学术杂志上发表，首创的“水法”找矿，国外一直沿用到20世纪60年代。

1937年卢沟桥事变后不久，郑大章和助手杨承宗（留法时师从居里夫妇，合肥联合大学创办者之一）等秘密离开日伪严密控制的北平，到上海租界继续从事镭学研究。在异常困难的条件下，他们从大量铀盐中分离制出很强的新β放射源，发现了β射线的吸收系数随放射源周围物质的性质而改变，由此形成背散射法鉴别不同支持物质及其厚度的理论。

令人惋惜的是，1941年，郑大章于穷困潦倒中不幸病逝于苏州。他的一生虽然短暂，却为中国放射化学的发展立下了汗马功劳。

撮镇大地

60 任新民：“点亮”太空征途

人物档案：

任新民（1915—2017），安徽宁国人。1980 年，当选为中国科学院院士（学部委员），1985 年，当选为国际宇航科学院院士。航天技术与液体火箭发动机技术专家，中国导弹与航天技术的重要开拓者之一，“两弹一星”功勋奖章获得者，曾作为运载火箭的技术负责人领导了中国第一颗人造卫星“东方红一号”的发射。

1915 年，宁国县城里，一个男孩出生了。孩子的父亲任海清毕业于芜关中学，后来做过县教育局督学等。他重视子女的学习，三个孩子中，两个是博士。

任新民照片

任新民从小学习勤奋，13 岁时，考取了安徽省立第四中学，也就是后来的宣城中学。因学业用功，任新民深受老师喜爱，特别是国文教师杨次道，经常从上海带来新出版的课外读物，指导他阅读。受杨老师的影响，任新民写作水平提高很快，文学基础也越发扎实。

1945 年，任新民赴美留学，获美国密歇根大学工程力学博士学位，成为美国布法罗大学聘任的第一位中国讲师。尽管在国外拥有优越的科研条件和生活条件，但任新民一刻也没有忘记“学有所成、报效祖国”的初衷。中华人民共和国成立两个月后，他冲破重重阻碍，回到了祖国的怀抱。

1956 年，归国不久的钱学森开始组建国防部第五研究院，这是我国专门研究导弹的机构。他想到了任新民，邀请他一起创建中国的航天事业，任新民欣然答应。从此，任新民开启了自己的“航天人生”。

中国航天事业，是在极其艰苦和困难的条件下起步的。茫茫戈壁，浩瀚海洋，洒下了几代航天工作者辛勤的汗水。在这条蓝天征途中，任新民始终兢兢业业。

一串串数据、一张张图纸，记录着任新民奋战的日日夜夜。他精益求精，对于技术问题，更不会有丝毫马虎。工厂车间、试验发射场，总是能看到任新民的身影。他谦虚好学，不耻下问，每当做重大决定时，他常常跨过两三级，找到最基层的设计人员，询问他们的看法。

1970 年 4 月，中国成功发射“东方红一号”卫星。这是中国发射的第一颗人造地球卫星，由钱学森为首任院长的中国空间技术研究院自行研制，标志着中国成为继苏联、美国、法国、日本之后世界上第五个用自制火箭发射国产卫星的国家。任新民与钱学森、赵九章、郭永怀、钱骥等一道，奉献了自己的才智。

1985 年 7 月，具有开创意义的中国载人航天的话题提到议事日程上来。在任新民的倡导下，中国首届太空站研讨会在秦皇岛召开，这是中国载人航天发出的最早声音。接下来，“863”计划更为中国的载人航天事业开辟了道路，技术总体方案和具体路径随之开始进行全面论证。1990 年 12 月，航空航天部成立了载人航天工程领导小组，任新民担任首席顾问。此后，任新民参加了中国载人飞船的全部立项论证工作，并担任方案评审组组长。1999 年，第一艘“神舟”号试验飞船发射成功；2003 年，“神舟五号”飞船将中国航天员杨利伟送入太空。这都包含了任新民的情感与心血，他被誉为中国航天“总总师”。

生活中的任新民朴实、节俭。1970 年 8 月 1 日，一直工作到很晚才下班的任新民想起要参加纪念“八一”建军节的国宴，他就急匆匆地赶往人民大会堂。回到家，夫人责怪他穿着打了补丁的裤子出席这样的重大活动，他笑着说，穿什么不重要，能不能做点贡献才重要。有一次，他出席在上海组织的运载火箭的技术协调会。当他穿着一身土气的工作服从上海航天局回到宾馆时，被警卫拦住，他们认为这位像老工人般的人怎么会出席高端科技会议。这样的故事，在任新民一生中非常多。

任新民淡泊名利。从第一枚导弹到第一颗人造卫星、第一枚运载火箭、第一颗通信卫星、第一颗气象卫星、第一次为外国发射的“亚洲一号”通信卫星、第

任新民广场

一颗返回式卫星……任新民都是主要设计专家和总负责人，但在所有导弹、卫星成功发射获得的各类奖项中，他或者把自己的名字往后排，或者干脆把自己的名字抹掉。

艰难困苦，玉汝于成。任新民与屠守锷、黄纬禄、梁守槃是著名的“航天四老”，中国航天事业的每一个里程碑里，几乎都能找到任新民的脚印，他对科学技术的执着追求，推动了中国导弹技术和航天技术的艰难起步和创新发展，他以坚韧不屈的开拓精神、实事求是的钻研精神，奠定了中国航天事业发展的基础。

61 叶笃正：中国气象学泰斗

人物档案：

叶笃正（1916—2013），又名叶平斋，祖籍安徽怀宁（今安庆宜秀区）。中国现代气象学主要奠基人之一，担任过中科院大气物理研究所所长、中科院副院长、中国气象学会理事长。

叶笃正照片

“明天，晴，东南风二到三级”，越来越准确的天气预报与我们生活息息相关。这项事业的重要奠基人与开拓者是叶笃正。2017 年 9 月，叶笃正科普馆开馆仪式在安庆举行，中科院大气物理研究所及安徽省、市领导为叶笃正科普馆揭牌。

叶笃正淡泊名利，关爱家乡。他曾把最高科技奖 500 万奖金都捐给科研机构，还曾捐助过安庆叶祠小学。

安庆宜秀区有个叶祠村，村庄受到了城市开发大潮的冲击，但村中仍有一座三进四合院式砖木结构的叶氏宗祠。当时叶氏宗祠面临着被拆迁的命运，叶笃正给安庆市分管城建的副市长写信，呼吁保护文化。在各方的大力支持和关注下，叶氏宗祠得以保存下来。

叶氏宗祠始建于 1876 年，是陕西巡抚叶伯英主建。祠堂有个文雅的名字，叫耕经堂，现北京大学图书馆珍藏有叶伯英编著的《耕经堂年谱》。

叶伯英是叶笃正的曾祖父。叶伯英的儿子叶元琦官至道台，可惜去世得早。叶家与袁世凯家族是世交，袁世凯后来对叶元琦儿子叶崇质（即叶笃正的父亲）多有提拔，叶崇质官至直隶巡警道的道台。但他不满袁世凯的政治理念，辞职办实业，成为天津有名的实业家。

叶崇质非常重视子女教育，在家里开设私塾请塾师给孩子们上课，直接报考中学，叶家孩子多是南开中学毕业的，是著名的“南开世家”。

叶笃正的亲弟兄中，有担任过民盟中央副主席兼秘书长的叶笃义、中央党校三部主任叶笃廉、新华社机关党委书记叶笃成，还有翻译家叶笃庄、相声演员叶笃慎等人。

叶笃正性格温和，学习最用功，常常被先生和父亲当作榜样。几年的私塾教育，让叶笃正接受了深厚的传统文化，也赋予了他中国文人的性格和气节，培养了他心怀天下的旷达胸襟。

叶笃正是从南开考进清华大学的。在清华大学，叶笃正喜爱打乒乓球，与钱三强是球友。他学气象专业正是钱三强建议的。

1950 年，叶笃正在美国取得博士学位后决心报效祖国。他与妻子冯慧辗转回到了中国，同乘一船回国的还有邓稼先等一批留学生。回国后，他在老师竺可桢、赵九章等人的带领下开始了中国现代气象学事业的科研。即使在特殊年代受

安庆叶氏宗祠内景

到批斗，他也咬紧牙关坚定信念。

1979年，被誉为“中国科技的春天”。这一年，叶笃正当选为中国气象学会理事长。他在大气动力学、大气环流、高原气象学、气候学以及全球环境变化等领域取得了许多开创性的研究成果。晚年他关注全球变暖，提出“有序的人类活动”，在国际社会产生广泛影响。

叶笃正80岁生日时，大家特意为他举办了一个庆祝大会，中科院气象研究所宣布以叶笃正捐献的奖金设立叶笃正奖。叶笃正不同意以他的名字来命名，最后大家只好从卢嘉锡为他的题词中取“学笃风正”来命名。

叶笃正90多岁高龄的时候还不停歇，坚持去研究所上班。冬天，风雪弥漫，他也坚持准时到岗。大家要单独给他一间办公室，他执意不要，说：“与大家一起办公，思想才能交接。”

2010年，中国科学院国家天文台宣布，施密特CCD小行星项目组1996年发现的一颗小行星，获得国际永久编号，被命名为“叶笃正星”。

62 慈云桂：巨型计算机之父

人物档案：

慈云桂（1917—1990），安徽桐城（今枞阳县麒麟镇）人。中国科学院院士、电子计算机专家。他长期从事无线电通讯雷达和计算机方面的教学和科研工作，领导研制成功我国第一台亿次级巨型计算机，被誉为“中国巨型计算机之父”。

1917 年，慈云桂出生在一户耕读世家。他 5 岁入村塾读书，8 岁的时候就可以写诗，13 岁时以第一名的成绩考入桐城中学。

慈云桂照片

1938 年，安庆被日军攻陷。慈云桂积极投身于抗日救亡运动，并考取了西南联合大学的航空系，不幸的是因病无法启程，只好借读于湖南大学的机械系，后转入电机系。1946 年，他被选派赴英国考察雷达技术。后来他进入清华大学物理系，从事无线电实验室的创建。

慈云桂毕生从事计算机研制工作。他出访英国时，敏锐地预感到国际上计算机发展的主流方向将是全晶体管化，然而在国内，由他主持的一台电子管通用计算机正在研制，并且已签订了生产和销售协议。慈云桂感到如芒刺背，坐卧不宁。他赶紧写信回国，建议停止电子管计算机的研制。他白天参观访问，留意先进的机型，晚上通宵达旦地研究，终于在回国之前就完成了晶体管计算机体系结构和基本逻辑电路的方案性设计。

但摆在他面前的仍是重重困难。当慈云桂宣布电子管计算机立即下马的决定后，人们普遍感到震惊。下马意味过去的心血就白费了，还意味着撕毁协议，上马晶体管计算机又谈何容易？早在1959年，国内就有单位已开始用国产晶体管研制计算机，但故障重重。面对强大的舆论压力，慈云桂坚定不移，鼓励大家“路总是人蹚出来的”。一批年轻的助教和学生被感染了，聚集到他麾下，热火朝天地干了起来。

1964年末，他们终于用国产半导体元器件研制成功中国第一台晶体管通用电子计算机，稳定性达到当时的国际先进水平。随后，成果不断：1965年，研制成功441B/Ⅱ型机；1970年初，441B/Ⅲ型计算机问世，这是中国第一台具有分时操作系统和汇编语言、FORTRAN语言及标准程序库的计算机。

紧接着，慈云桂就提出了一个宏伟的目标：研制中国的集成电路计算机。助手和弟子连连感叹：“跟不上慈教授的步伐！”但慈云桂很严肃地告诉大家，1964年4月，美国IBM公司宣布研制成世界上最早的集成电路通用计算机IBM360。它标志着世界计算机开始进入第三代。如果不努力，我们在计算机研制的路上会与美国差距越来越大！

慈云桂心中时刻谋划集成电路通用计算机尽快上马。随后进入了历史特殊时期，他身陷“牛棚”。然而，他不灰心，不气馁，依然没有停止这个谋划。别人还在过年的时候，他带领科研人员到处调研，躲到上海市郊的一个小镇上进行设计，终于完成了样机的设计草图。1977年夏，一台百万次级集成电路计算机151-3终于研制成功。1978年，二百万次集成电路大型通用计算机系统151-4通过了国家的鉴定和验收。20世纪80年代，151计算机在中国首次向南太平洋发射运载火箭，首次潜艇水下发射导弹以及第一颗试验型广播通信卫星的发射和定位中，出色地完成了计算测量任务，为中国航天战线三大重点试验的圆满成功作出了重大贡献。

1983年11月，被命名为“银河”的亿次计算机系统顺利通过国家鉴定，主机平均无故障时间长达441小时，达到了国际先进水平，这意味着中国跻身世界巨型机的研制行列。回想艰辛的日日夜夜，慈云桂感慨万千，写下《银河颂》一诗：银河疑是九天来，妙算神机费剪裁。跃马横刀多壮士，披星戴月育雄才。

1990年，慈云桂逝世。1995年，慈云桂工作的国防科技大学设立了“慈云桂计算机科技奖金”，纪念他开创的团结、献身、求实、创新的“银河”精神！

63 邓稼先："两弹"元勋

人物档案：

邓稼先（1924—1986），安徽怀宁（今安庆宜秀区）人。中国科学院院士，著名核物理学家，中国核武器研制工作的开拓者和奠基者之一，为中国核武器、原子武器的研发作出了重要贡献。

邓稼先是清代大书法家邓石如的后裔，他父亲邓以蛰曾任北京大学、清华大学哲学系教授。

因为家庭文化氛围好，加之聪明好学，邓稼先在英文、数学、物理方面打下了良好的基础。1941 年，邓稼先考入了国立西南联合大学，先后受教于王竹溪、郑华炽等著名教授。抗战胜利后，邓稼先通过赴美研究生考试，进入美国普渡大学研究生院。由于成绩突出，不足两年他便通过博士论文答辩，获得了博士学位，人称"娃娃博士"。

邓稼先照片

带着报效祖国的强烈愿望，1950 年，邓稼先放弃了国外优越的工作条件和生活环境，毅然回国投入中国近代物理研究所的建设。1956 年，他与人合作在《物理学报》上相继发表了《β 衰变的角关联》《轻原子核的变形》等论文，为中国核理论研究做出了开拓性的工作。

为了国防安全，国家决定依靠自己的力量发展原子弹事业。邓稼先义无反顾地服从组织安排，他与妻子简单告别后，隐姓埋名，投入秘密的工作。大漠孤烟，茫

邓石如、邓稼先故居（铁砚山房），邓稼先出生于此

茫戈壁，生活艰苦，邓稼先心中的信念却坚定无比。他根据中央决策，选定中子物理、流体力学和高温高压下的物理性质这三个方面作为主攻方向，为中国原子弹理论设计工作作出了最重要的贡献。

20 世纪 60 年代初，是严重的困难时期。苏联撤走在中国的全部专家，连一张纸片都没留下，还讥讽说中国 20 年也搞不出原子弹。

大西北的荒凉景象，就连生存都很困难。然而科技人员凭着爱国之心和革命的豪情壮志，硬是在青海罗布泊建设成了中国第一个核武器基地。邓稼先与其同事也拿出了原子弹理论设计方案，1964 年 10 月，中国第一颗原子弹爆炸成功。

在巨大的喜悦中，邓稼先和同事于敏等科技人员又承担起氢弹的理论设计任务，最后终于制成了氢弹。这同法国用 8 年零 6 个月、美国用 7 年零 3 个月、苏联用 6 年零 3 个月的时间相比，可谓创造了世界上最快的速度。杨振宁来华探亲时，得知原子弹、氢弹都是中国人自己研制时，激动得流出了泪水。

因长期亲临一线工作，强烈的射线严重损害了邓稼先的身体。1985 年，邓稼先因直肠癌住院，生命走到了尽头，他临终前叮嘱：“不要让人家把我们落得太远……”

64 程开甲："中国核司令"

人物档案：

程开甲（1918—2018），祖籍绩溪。中国科学院院士，"两弹一星"功勋奖章获得者，2013 年国家最高科学技术奖获得者，我国核武器事业的开拓者之一。

程开甲照片

2017 年 11 月，绩溪县领导带着家乡的井水和泥土，来到程开甲北京的住所，程开甲眼睛湿润了，回忆起 92 年前，也就是他 7 岁时在绩溪给祖先画像磕头的场景。

程开甲出生于1918年，为中国核武器事业贡献了毕生精力。他在生命的最后几年，倍加怀念祖籍绩溪，托人打听家乡的消息。通过寻访，他确定了老家在绩溪仁里村，祖宗堂号"洛源堂"。

程开甲祖父为程敬斋，父亲为程侍彤。祖辈从徽州迁到了江苏吴江经商，重视读书是这个家庭的传统。1937 年，程开甲考取浙江大学，受教于束星北、王淦昌、陈建功、苏步青等一流老师。

1946 年，程开甲赴英国爱丁堡大学留学，成为物理学大师玻恩的学生。两年后，在苏黎世召开的国际学术会议上，程开甲与玻恩合写了一篇论文递交给大会。会议召开时，玻恩因故不能出席，于是由程开甲宣读论文。不料程开甲与师兄海森堡就学术观点展开了激烈争论，程开甲时而用英语，时而用德语，与这位1932年的诺贝尔奖得主展开舌战。担任裁判的大会主席泡利最后也只得风趣地说：“你们师兄弟吵架，为什么玻恩不来？这个裁判我当不了，还是让玻恩来裁定吧。”

玻恩听到此事很高兴，跟程开甲讲起自己与爱因斯坦长时间针锋相对的争论。这次谈话，让程开甲终身受益，他明白科学需要质疑的精神与求实的态度。

20世纪60年代初，中央部署要在两年内进行第一颗原子弹爆炸试验。当时，无论是理论，还是技术，都是一片空白。程开甲受命与吕敏、陆祖荫、忻贤杰等一起，起草了首次核试验测试的总体方案，又与其他同志一起把核试验需要解决的问题分成上百个课题，走遍全国各科研院所和各军兵种单位，召开了几百次协作会议。在不到两年的时间里，全国上下通力合作，很快研制出上千台测试、取样、控制等各类实验设备和仪器。

长期以来，程开甲养成了一个独特的习惯：在小黑板上演算大课题。他家里有一块茶几大的小黑板，办公室里也放着一块黑板。

第一颗原子弹采取何种方式爆炸？最初的方案是用飞机投掷。程开甲在他的小黑板上精心计算，终于提出当时切实可行的采用百米高塔爆炸原子弹的方案。

首次地下核爆炸成功后，为了掌握第一手材料，程开甲和朱光亚等科学家决定进入地下爆心去考察。这在中国还是开天辟地第一次，谁也说不清洞里辐射的剂量，其危险可想而知。但程开甲经过细心计算，认为采取多种防护措施后，可以进入。他们在刚刚开挖的直径只有80厘米的小管洞中匍匐而行，最后进到爆炸形成的一个巨大空间里，取得了第一手资料。

从1963年第一次踏进罗布泊到1985年，程开甲一直生活在核试验基地。在这20多年中，他主持决策、直接从事核试验及测试的全局技术工作和研究，解决了许多具体的关键技术问题，使核试验成为原子弹的设计、改进和武器化不可缺少的组成部分。他创立了中国自己的系统核爆炸理论和效应研究，是中国指挥核试验次数最多的科学家，人们称他为中国“核司令”。程开甲荣获2013年度国家最高科学技术奖。

65 杨振宁：诺贝尔物理学奖获得者

人物档案：

杨振宁（1922—），安徽合肥人。世界著名物理学家。1949年，与恩利克·费米合作，提出基本粒子第一个复合模型。因提出“弱相互作用中宇称不守恒理论”，与李政道一起获1957年诺贝尔物理学奖。

杨振宁照片

古镇三河古南街有一座杨振宁旧居，这是始建于明清时期的民间宅院。1937年抗战全面爆发时，杨振宁随庐南中学迁至三河肥南中学（今三河中学）读书，与母亲一同寄住在此。

杨家老宅位于四古巷。杨振宁出生于1922年。4岁时，母亲开始教他认字，一年多的时间他就学会了3000个字，并能很好地阅读一篇文章，而且可以口头作文。这为杨振宁的文学素养打下了坚实基础，也因此，杨振宁的文章富有文采，耐人寻味。

杨振宁父亲杨武之是清华大学教授。随后，杨振宁去了北平，就读于教员子弟学校及天主教圣公会崇德中学。

七七事变后，为了安全，杨振宁随母亲携弟、妹返回合肥，入读昆华高中。1938年夏，读高二的杨振宁参加统一招生考试，被西南联大录取，进入物理系学习。他本科论文导师为吴大猷教授，后考入该校研究院理科研究所物理学部读研究生，清华大学王竹溪教授是他的硕士论文导师。

1945 年，杨振宁考取庚子赔款奖学金赴美，就读于芝加哥大学，凭着努力获取了博士学位。1949 年，他进入普林斯顿高等研究院进行博士后研究工作，与李政道共同发表论文，引起爱因斯坦的兴趣。论文通过解析延拓的方法研究了巨配分函数的解析性质，发现它根的分布决定了状态方程和相变性质，消除了人们对于同一相互作用下可存在不同热力学相的疑惑，推翻了物理学的中心信息之一——宇称守恒基本粒子和它们的镜像的表现是完全相同的。1957 年，他与李政道一起获诺贝尔物理学奖。

统计力学是杨振宁的主要研究方向之一。他在统计力学方面的特色是对扎根于物理现实的普遍模型的严格求解与分析，从而抓住问题的本质和精髓。1965 年，杨振宁当选美国国家科学院院士。

1978 年，在杨振宁等人的倡导下，中科大创建首期少年班。中美建交后，杨振宁在美国设立 CEEC 奖金，专门支持中国各大学、各研究所人员到美国做访问学者。他还促成了“吴健雄物理奖”“陈省身数学奖”等多个奖项的设立，在南开大学数学所建立理论物理研究室，为中国培养了一大批人才。

2003 年底，杨振宁回北京定居，担任多所大学的荣誉博士，为指导青年科学家的科研工作而不懈努力。

杨振宁旧居

艺苑芬芳

建安文学震古烁今，桐城派影响数百年。

“江山代有人才出，各领风骚数百年。”在历史的长河中，安徽一大批文艺才俊蔚然兴起，或学术，或丹青，或哲学，或文学，或戏曲，或杂技，以卓越才情为我们营造丰富的精神家园。

无论是文坛巨擘，还是艺海精英，虽人生际遇各不相同，但均以安徽大地为平台，以长江、淮河为纽带，以生命去探索，以敬畏作桥梁，精益求精，融会贯通，描绘了一幅幅动人的文艺长卷。

66 刘安：博极古今《淮南子》

人物档案：

刘安（前179—前122），出生于淮南国。汉高祖刘邦之孙、淮南厉王刘长之子。西汉知名思想家、文学家，代表作有《淮南子》。

刘安是汉高祖刘邦的孙子，父亲刘长是汉文帝的弟弟，被封淮南王。因此，刘安在淮南国出生。刘长准备叛乱谋反，被流放到偏远的蜀郡。在发配途中，他绝食身亡。

两年后，汉文帝想念刘长，便下诏将原来的淮南国分为淮南、衡山和庐江三国，分别封给刘长的3个儿子。其中长子刘安出任淮南王，这一年16岁。

淮南国的都邑设在寿春（今寿县城关）。刘安从小爱好读书、学艺、弹琴。出任淮南王后，他召集天下最有才华的知识分子云集淮南，议论天下兴亡，寻求治世良方，探讨学术方技，搜集古史逸闻。据说，门客最多的时候有3000多人。

刘安热衷于道家黄老之术，希望炼出长生不老的仙丹。他召集一群人在附近的山上炼丹。其中苏飞、李尚、左吴、田由、雷被、伍被、毛周、晋昌等八人有高才，被称为八公，"八公山"的名字由此而来。

八公山的泉水很清冽，他们磨制豆汁，又用豆汁培育丹苗，不料仙丹没有炼成，反而形成一种鲜嫩绵滑的东西，美味可口。他们又经过反复试验，将这些绵滑的汁液凝固成一块，给这种东西取了个好听的名字——菽乳，后改称"豆腐"。

后来，八公山周围的村镇都开始做豆腐。唐朝大和尚鉴真东渡日本时，还把制作豆腐的方法带到日本。

这些宾客在淮南王府不仅从事讲学、炼丹之事，还经常一起吟诗作赋，酬唱之余，形成了文学史上的"淮南小山"文学集体，为汉初文学的巅峰。

刘安是汉武帝的皇叔。汉武帝很欣赏刘安，专门召他到长安撰写《离骚传》。据说汉武帝清晨下达诏令，中午刘安就把《离骚传》写好了，汉武帝看过后称赞不已。

刘安画像

不仅仅是文学，刘安还在科学、哲学、音乐等众多领域中都有建树。他与门客苏飞、李尚等一道，说古论今，究天议地，驰骋其自由的思想，挥洒其奔放的文笔，凝结成石破天惊的《淮南子》一书。

父亲刘长之死是刘安心中的一个“死结”。在他的心底，总有复仇的火焰在闪烁。汉武帝六年（前135），刘安身边的人鼓动他叛乱，结果被门客雷被告密。刘安无奈中自杀，被葬在寿县城北的八公山南麓。

刘安去世后，《淮南子》的影响却越来越大。《淮南子》又名《淮南鸿烈》，20多万字，内容涉及政治学、哲学、伦理学、史学、文学、经济学、物理、化学、天文、地理、农业、水利、医学、养生等领域，可以说包罗万象，集中体现了刘安的思想——“无为而治”。他对道家思想加以改进，主张要遵循自然规律制定政策，善用人才，体恤百姓。

刘安还是热气球升空理论的最早实践者。《淮南子》所反映的科学观、自然观，无不闪烁着智慧之光。唐代大史学家刘知几评论说：“《淮南子》旷笼天地，博极古今。”

67 大乔、小乔：秋水并蒂开芙蓉

人物档案：

大乔、小乔，名不详，生活在庐江郡皖城（今潜山，一说庐江人），以美貌出名。东汉建安四年（199），周瑜协助孙策攻克皖城后，孙策纳大乔为妾，周瑜纳小乔为妾。

潜山境内有井名胭脂井。据方志记载，这是乔公故宅后院的一口井，水清且深。相传二乔姐妹常在此梳妆打扮，长年累月，井水泛起了胭脂色，也有胭脂香了。于是，这井便有了“胭脂井”的雅称。明代高启《过二乔宅》赞叹：“大乔娉婷小乔媚，秋水并蒂开芙蓉。”清代王士禛在《二乔宅》中说：“修眉细细写

潜山县胭脂井夕照

春山，疏竹泠泠响佩环。”今天，潜山还有二乔公园。

二乔，指东汉末年乔公的两个女儿大乔与小乔，名不详。二乔以美貌出名。大乔为孙策妾，小乔为周瑜妾。其实，乔公姓桥，在当地家境殷实，很有威望，被称为“桥公”。《三国志·吴书九·周瑜传》：“顷之，策欲取荆州，以瑜为中护军，领江夏太守，从攻皖，拔之。时得桥公两女，皆国色也。策自纳大桥，瑜纳小桥。”《江表传》记载：“策从容戏瑜曰：‘桥公二女虽流离，得吾二人作婿，亦足为欢。’”

孙权、周瑜纳二乔是东汉建安四年的事。当时孙策从袁术那里得到三千兵马，在周瑜的协助下，一举攻克皖城（今潜山县），得以见到二乔，被她们的美貌倾倒。这一年，孙策、周瑜都是 25 岁。

“遥想公瑾当年，小乔初嫁了，雄姿英发。羽扇纶巾，谈笑间，樯橹灰飞烟灭。”这是苏轼在《念奴娇·赤壁怀古》中的词句，歌颂了三国时代周瑜英姿勃发建功立业，娶了江东美女小乔，可谓春风得意。

小乔画像

一对姐妹花，同时嫁给两个天下英杰，一个是雄略过人、威震江东的“孙郎”，一个是风流倜傥、文武双全的“周郎”，堪称郎才女貌，美满姻缘了。不幸的是，大乔与孙策只相处了一年。第二年孙策打猎时被前吴郡太守许贡的家客刺成重伤，大乔日夜照顾，可孙策还是去世了。临终前，孙策嘱她照顾幼弟孙权，助他接掌大权。孙权称帝后，大乔便不再过问世事，深居简出，安享天年。

小乔处境比姐姐好一些，她与周瑜琴瑟相谐，恩爱相处了 11 年。在这 11 年中，周瑜作为东吴统兵大将，江夏击黄祖，赤壁破曹操，功勋赫赫，名扬天下。闲暇时，二人弹琴吟唱，生活幸福。在准备攻取益州时，周瑜病死于巴丘，时年 36 岁。

相传，曹操也倾慕二乔美色，筑有铜雀台，准备藏二乔于其间。杜牧有诗句云：“折戟沉沙铁未销，自将磨洗认前朝。东风不与周郎便，铜雀春深锁二乔。”这当然是后人演绎。

后世盛传大乔、小乔为汉太尉乔玄之女，并误传她们的籍贯是湖北嘉鱼县。乔玄（109—183），字公祖，梁国睢阳人。汉末名臣，曾任大鸿胪、司空、司徒等职，光和元年（178）迁太尉。

这种误传缘于《三国志·吴书九》中记载，大乔、小乔为“桥公”之女。清代人沈钦韩就在《两汉书疏证》一书中说：“桥公者，太尉桥玄也。汉制为三公者方称公。”他的理由是汉代只有官至“三公”（太尉、司徒、司空）的人才能被称作“公”，因此《三国志·吴书九》中记载的“桥公”必为汉太尉桥玄。这种说法缺乏历史依据，比如时人呼张昭曰张公，呼程普为程公，呼庞德公为庞公。可见并不是只有官至“三公”的人才能被称作“公”。

按《三国志》的记载，孙策、周瑜分别纳大、小乔是在攻破皖城之后，即公元 199 年的事。而乔玄 183 年就已去世，死时已有 75 岁，从年龄上来看，也不可能是大、小乔之父。

68 嵇康：竹林七贤的精神领袖

人物档案：

嵇康（约 223—约 263），别名嵇叔夜、嵇中散，三国魏谯郡铚（今濉溪，一说涡阳）人。著名的文学家、思想家、音乐家，“竹林七贤”之一。代表作有《广陵散》《养生论》。

稽康一出生，他的父亲嵇昭就去世了。他的母亲很疼爱他，怕他受了委屈，许多事总是由着他。因此嵇康小时候受约束少，兴趣广泛。

嵇康画像

嵇昭曾在曹魏担任督军粮治书侍御史的官职。他去世后，这个家庭的事务主要是母亲和大哥掌管。二哥嵇喜和嵇康潜心读书。然而，兄弟两人性格完全不一样。嵇喜性格沉静，认真读儒家经典，嵇康却不为功名而读书。

有一段时间，嵇康对《庄子》非常感兴趣。大哥急了，怕他受影响养成爱逍遥的性格。母亲说《老子》《庄子》博大精深，随他去读。

长大后，嵇康对文学、玄学、音乐等无不博通。他娶了曹操曾孙女长乐亭主为妻，曾任中散大夫，人称“嵇中散”。

后来二哥嵇喜果然做官了，担任扬州刺史、太仆、宗正等重要官职。他常常写诗给嵇康，想以自己积极入世的态度影响弟弟。

然而嵇康向往出世的生活，隐居于河内郡山阳县（今焦作市），与阮籍、山涛、刘伶、向秀、阮咸、王戎等人交游。他们常聚于竹林下饮酒，共倡玄学新风，主张打破社会上的条条框框，追求自然本性。他们创作了大量表达通脱放达思想的作品，被称作“竹林七贤”。

担任大将军的司马昭想聘嵇康为幕府的属官，嵇康对司马昭的政治主张很不认同，逃到河东郡躲避起来，以锻铁为生。

书法家钟繇的儿子钟会，年少得志，他写完《四本论》时，想求见嵇康。嵇康却在家门口的大树下打铁，一副旁若无人的样子，理也不理。钟会因此而忌恨嵇康。

司马昭掌握了政权，这时包括钟会在内的一些忌恨嵇康的人向司马昭进谗言，要处死嵇康。司马昭也想杀嵇康，可是有什么理由呢?

嵇康的友人吕安被其兄诬以不孝，嵇康出面为吕安辩护。司马昭便以吕安案为由下令将嵇康处以死刑。

临刑前，嵇康抚摸着他心爱的古琴，若有所思地演奏起来。琴声一起，喧闹的刑场立刻平静下来，只听见琴声空灵、飘逸，继而慷慨、激越……

他演奏的曲子叫《广陵散》。相传，嵇康一次夜宿在洛西华阳亭，一位老者走过来教他弹琴，教的便是《广陵散》。这首曲子也叫《聂政刺韩傀曲》，表达的是勇士聂政刺杀韩国国相的故事。

弹完之后，嵇康从容赴死，年仅39岁。所幸《广陵散》并没有失传，流传至今。嵇康的文学创作，主要包括诗歌和散文。他的诗有四言、五言、七言和杂言，以表现其追求自然、厌弃功名富贵的人生观为主。在著名的《与山巨源绝交书》中，他表达了自己的志向:“今但欲守陋巷，教养子孙，时时与亲旧叙离阔，陈说平生，浊酒一杯，弹琴一曲，志意毕矣！”他的诗风与人生，对后世思想界、文学界有很大影响。

1975年3月，涡阳县石弓镇（原属濉溪县临涣镇）村民在嵇山南麓开山取石，随着一声爆破声，一墓葬露出，经考证为嵇康墓。此墓出土了错金铜座白玉杯、鎏金香熏、鎏金卮，均为国家一级文物，现珍藏在阜阳市博物馆内。

69 周兴嗣：一夜白发撰《千字文》

人物档案：

周兴嗣（469—537），字思纂，江南姑孰（今安徽当涂）人。南朝大臣，史学家。代表作有《千字文》。

“天地玄黄，宇宙洪荒。日月盈昃，辰宿列张。寒来暑往，秋收冬藏……”每当这样的童稚声传出，人们总会想起《千字文》的作者周兴嗣。

周兴嗣喜爱读书，5 岁时就认识许多字，而且背诵文章非常流畅。

13 岁时，周兴嗣开始到南朝齐的京师建康（今南京）游学，他接触了许多有学问的人，养成了谦虚好学的品格。

周兴嗣塑像

齐隆昌年间（494），谢朓任吴兴（今湖州）太守，向朝廷极力推荐周兴嗣，于是周兴嗣被推举到桂阳（今湖南省桂阳县）担任郡丞（郡守的副职）。在这里，周兴嗣游遍了周围的名山大川，与有学问的人一起交流。

梁武帝萧衍博学多才，尤其在文学方面很有天赋。公元 502 年，萧衍代齐建梁，做了梁武帝。周兴嗣上奏《休平赋》，文章非常优美，受到萧衍的重视并被聘为“安成王国”侍郎。

梁武帝希望自己的后代能在太平时期多读些书。他觉得《尚书》《左传》《论语》太深奥，不适合孩子们读，便让一位名叫殷铁石的文学侍从，从晋代大书法家王羲之的手迹中拓下一千个各不相干的字，每纸一字，然后一字一字地教皇家子弟。

能不能写一本启蒙读物呢？梁武帝寻思，若是将这一千字编撰成一篇文章，岂不妙哉？他便对周兴嗣说：“你才思敏捷，将这一千字编撰成一篇通俗易懂的启蒙读物吧。”

周兴嗣接受任务回到家后，苦思冥想：怎样让一千字不重复，又成一篇朗朗上口的文章呢？他边吟边书，终将这一千字联串成一篇内涵丰富的四言韵书。

第二天天一亮，周兴嗣就将写成的《千字文》交给梁武帝。梁武帝连声叫好，下令送去刻印。

《千字文》内容分为四部分，第一部分从天地开辟讲起，有了天地，就有了日月、星辰、云雨、霜雾和四时寒暑的变化，有了万物。第二部分重在讲述人的修养标准和原则，对忠、孝和人的言谈举止、交友等方面进行了深入的阐述。第三部分讲述治理国家的问题。第四部分主要描述恬淡的田园生活，赞美甘于寂寞、不为名利羁绊的人，对民间温馨的人情向往之至。

《千字文》很快在社会上流传开来，成为教孩子们识字的必读书。公元510年，梁武帝任命周兴嗣为新安郡丞，后来又升任给事中。他十分欣赏周兴嗣的才华，准备让他担任御史中丞。可惜周兴嗣染上了流行疫病，左眼失明。

梁武帝听说后，寻找良医为他治病，可惜没有治好。他写的《千字文》则一代一代流传。唐代的虞世南、褚遂良、孙过庭、张旭、李阳冰、释怀素，宋代的欧阳询，元代的赵孟頫，明代的文徵明、祝允明、王宠、文彭、徐渭，清代的傅山等，甚至连宋代的徽宗皇帝赵佶都爱抄写《千字文》。在中华文明史上，《千字文》有着不可磨灭的光芒和价值。

70 张籍、张孝祥、张即之：和州三张

人物档案：

张籍（约767—约830），字文昌，唐朝著名诗人。

张孝祥（1132—1170），字安国，号“于湖居士”，词作有苏轼之风，风格豪放。

张即之（1186—1263），字温夫，号樗寮，书法家，著名词人张孝祥之侄。

张籍：民间疾苦笔下诗行

张籍画像

和县是历史名城。秦朝时置历阳县，一度更名和州。这里有和县猿人、霸王祠、陋室、天门山和镇淮楼等5个历史文化景点，列入了中小学教科书。在乌江镇有三张纪念堂。“三张”即唐代诗人张籍，宋代词人张孝祥、书法家张即之。

张籍很早就有诗名。贞元十二年（796），诗人孟郊到和州探访张籍。后来经孟郊介绍，张籍在汴州认识韩愈，行弟子礼。当时韩愈为汴州进士考官，对张籍十分赏识，极力举荐。

张籍参加科考，一举取得了进士及第。他担任太常寺太祝，因为眼睛有毛病，加之家境贫困，朋友戏称其为“穷瞎张太祝”。

元和十一年（816），张籍转任国子监助教，眼病基本上好了，生活也有所改善。后来经过韩愈举荐，授国子博士，先后迁水部员外郎，又迁主客郎中、国子司业。所以，世称“张水部”“张司业”。

性格倔强、仕途不顺的张籍内心是郁结愁闷的，但他是中唐时期新乐府运动的积极支持者和推动者。其乐府诗很多为反映当时社会现实之作，语言凝练而平

易自然，善于描述复杂的社会现象，勇于揭露各种社会矛盾和民间疾苦，对重重压迫之下的妇女给予同情。张籍和当时王建齐名，时称“张王乐府”。

中华书局1958年出版的《张籍诗集》收诗480多首。据《新唐书·艺文志》著录，张籍有《论语注辨》2卷，已佚。从“上韩昌黎二书”两札看，张籍文章的风格，平易而凝练。王安石《题张司业诗》评价“看似寻常最奇崛，成如容易却艰辛”，这是很恰当的。

张孝祥塑像

张孝祥：南宋著名词人

当你激情朗诵苏轼的《念奴娇·赤壁怀古》“大江东去，浪淘尽，千古风流人物”时，当你激愤背诵辛弃疾的《永遇乐·京口北固亭怀古》“想当年，金戈铁马，气吞万里如虎”时，你是否知道被誉为“上承苏轼、下开辛弃疾爱国词派先河”的词人是谁？

他就是南宋词人张孝祥。生逢乱世，注定了他会命运多舛。

因为宋金战争，张孝祥的父亲张祁带着家人随难民南迁。张孝祥13岁的时候，社会相对安定。张祁思乡心切，举家返乡。为了谋生，他们没有回到老家历阳，而是偏居与历阳一江之隔的芜湖。因为这里依凭长江天险，不被金人袭扰。当时，芜湖、于湖两县名时常混淆，张孝祥号为“于湖居士”，实际上是“芜湖居士”的意思。

张孝祥自幼聪颖，过目不忘，被视为神童。少年英才，备受关注，时人王十朋诗赞：“天上张公子，少年观国光。”逆境中的张孝祥，之所以能成才，其勤奋好学、坚忍不拔的意志至关重要。23岁时，他在廷试中出类拔萃，脱颖而出，夺得头名状元，在朝野引起轰动。这本是好事，给他带来了名誉和地位，却也因此埋下了祸根。当时，科举考试权力掌控在奸臣秦桧手中，秦桧早想定其孙秦埙为状元，高宗赵构却以张孝祥"议论雅正，词翰爽美"亲擢其为进士第一。这就遭到了秦桧的忌恨。

血气方刚、意气风发的张孝祥，一登上政治舞台，便面临人生的抉择：一边是力主抗金，一边是苟安投降。张孝祥毅然选择正义与爱国，站在了主战派一边，并上疏朝廷，极力为岳飞父子辩诬鸣冤。这样，他招致了投降派的切齿痛恨。

秦桧死后，张孝祥历任秘书郎、著作郎、集英殿修撰和中书舍人等职，后任建康留守、荆南湖北路安抚使，还出任过抚州、平江、静江、潭州等地方官，颇有政绩。乾道五年（1169），张孝祥以显谟阁直学士致仕，次年夏病逝于芜湖，时年38岁，葬于南京江浦老山。

纵观他的词作，无不表达对故国的哀思长怀、对北伐中原的讴歌与期盼，以及对萎靡国事的悲愤和感慨。如《浣溪沙·荆州约马举先登城楼观》"万里中原烽火北"句，抒发对故国的怀念；《六州歌头·长淮望断》"闻道中原遗老，常南望、翠葆霓旌；使行人到此，忠愤气填膺，有泪如倾"句，表现出对南宋王朝不修边备、不用贤才、屈辱求和、偏安一隅的极大愤慨；《水调歌头·和庞佑父》"剪烛看吴钩"和"击楫誓中流"句，则表达了收复河山的满腔热情和坚定决心。

张即之："禅宗风格"的书法代表者

张即之是张孝祥的侄子。光绪版《直隶和州志》把他放在"人物志·义行"中，盛赞他的恤孤义举。

张即之以书法名震四海，称雄一时。据《宋史》记载，张即之"以能书闻天下"，"金人尤宝其翰墨"。

据说女真族非常喜爱张即之的书法，在战乱中也常常不惜重金购求。南宋晚期，日本曹洞宗道元禅师将张即之的书法介绍到日本，有一批日本人研究张即之和苏东坡的书法，称之为"禅宗风格"。

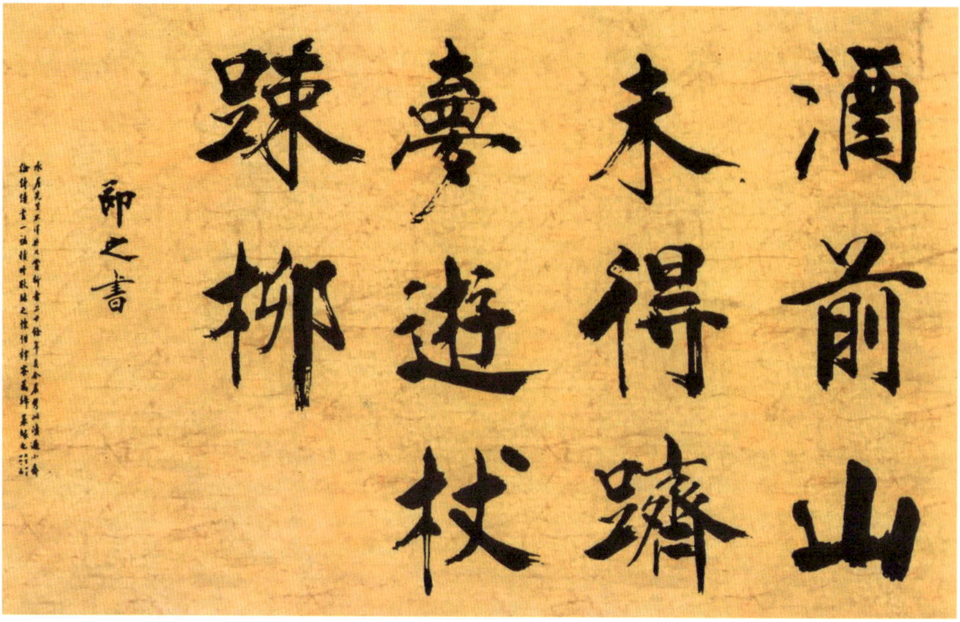

张即之书法作品

张即之书法初学唐人，继而转学宋人，对米芾的书法下功夫很深。他在广泛汲取前人精华的基础上大胆创新，揉入自己家学，形成了独特的书法艺术风格。丰坊《书诀》谓其“学米元章，而变以奇劲，有春花秋水之势”。王文治《快雨堂题跋》曰：“人知张师海岳，而不知其出入欧、褚。”梁闻山《评书帖》谓：张即之“原自欧出，参有褚法，结体尚紧”。何绍基评论说：张即之“楷书严整峭削，不似有宋诸名家全以行草法破楷法也”。

张即之传世作品有《汪氏报本庵记》《杜甫诗卷》《金刚般若波罗蜜经》《华严经》《佛遗教经》等。张即之楷书成就最高，他的楷书作品，简捷凝练，清劲俊秀，又略参行书笔意，点画顾盼生情，结体伸缩舒展，独具匠心。

南宋时期，书法缺乏北宋的新意和生气，模仿之风盛行。张即之在书法上力挽狂澜，振兴衰落书风，是当之无愧的晚宋大家，无愧于“宋书殿军”之誉。

71 杜荀鹤：晚唐现实主义诗人

人物档案：

杜荀鹤（约846—约906），字彦之，自号九华山人，池州石埭（今安徽石台）人。晚唐著名诗人。

杜荀鹤出身寒微，但天资聪颖，7岁时已崭露头角，可惜多次去长安应考，却每每落榜。

落榜自然心情郁闷，他便外出游历，到达浙江、福建、江西、湖南等地，结交了一些文友。黄巢起义军席卷山东、河南一带时，他再次从长安回到家乡，此后十几年间一直过着平淡又寂寞的生活。

杜荀鹤画像

虽然在诗坛享有盛名，但杜荀鹤仕途坎坷，始终不能一展宏图，郁闷不堪的情绪难免会在诗文中表现出来。其中最为著名的就是《春宫怨》：“早被婵娟误，欲妆临镜慵。承恩不在貌，教妾若为容。风暖鸟声碎，日高花影重。年年越溪女，相忆采芙蓉。”此诗意为：当初因为貌美而被召入宫中，谁料并没有得到帝王的宠幸，常年孤独相伴，懒于梳妆打扮。春光很好，心情很糟，在不幸的人眼里，一切美好的东西都没了色彩。而在自己的记忆深处，与家乡女伴一同采莲的幸福情景，是多么的美好而难忘！杜荀鹤用宫女的不幸身世象征自己怀才不遇。不但“风暖鸟声碎，日高花影重”脍炙人口，《春宫怨》更是被誉为“唐朝宫词第一”。

杜荀鹤诗歌的主要成就是那些控诉世道，表现百姓遭殃的作品。他运用律诗和绝句的形式而又不为声律所束缚，常用鲜明的对比，使作品富有感染力，语言清新通俗，爽健有力，也显示了他能突破同时代的华靡诗风，具有创新精神。

纵观杜荀鹤的一生，尽管遭逢乱世、郁悒终生，但始终能做到“文章甘世薄，耕种喜山肥”（《乱后山中作》）。他不改初衷，潜心作诗，有一著名的诗句：“昼短夜长须强学，学成贫亦胜他贫。”表现出他明确的治学态度和极高的思想境界，虽为生活中的穷人，却是精神上的富翁，很自信也很励志。

杜荀鹤游大梁时，曾给朱温献诗十首，希望他能轻徭薄赋，减轻人民的负担。朱温虽然没有采纳，但欣赏他的才华。大顺二年（891），朱温为他送名礼部，得中第八名进士。

第二年，因为政局动乱，杜荀鹤再回故乡。他自编诗集《唐风集》3 卷，收律诗和绝句 300 多首。

杜荀鹤居住地池州杜村

72 梅尧臣、梅清、梅文鼎：宣城“梅花”遍地开

人物档案：

梅尧臣（1002—1060），字圣俞，世称宛陵先生，宣州（今安徽宣城）人。北宋著名现实主义诗人，与苏舜钦齐名，时号“苏梅”，又与欧阳修并称“欧梅”。

梅清（1623—1697），字渊公，号瞿山。著名画家，与石涛都有“黄山派巨子”的誉称。

梅文鼎（1633—1721），字定九，号勿庵。天文学家、数学家，为清代“历算第一名家”。

梅尧臣：文坛一诗翁

梅尧臣画像

宣城有梅溪公园，坐落于宣城梅氏千年故居遗址上，是以梅氏文化为主题的人文公园，拥有双归山、都官墓、会庆堂、宝章阁、景梅亭、尚书府、柏山桥、双羊古道等诸多人文景观。

“宣城梅”历代人才卓越。始祖为梅远，唐昭宗光化年间，筑室定居于双羊山下九溪河畔。

梅家以诗书传家，梅远子梅邈，梅邈子梅让、梅询，都有才名。梅询通过科举为官，梅氏开始成为当地的大户。而梅询的侄子梅尧臣，更是在承继家学的基础上，开创了宋诗新局面，被誉为“宋诗开山之祖”。

梅尧臣 16 岁乡试未果，便跟随叔父梅询到洛阳谋得主簿一职；后又在孟县、桐城县连续担任主簿职务。他在连任三县主簿之后例升知县，因为才华横溢

梅溪公园

而得到皇上召试，赐进士出身，最后升任尚书都官员外郎，所以有“梅都官”之称。梅尧臣入仕后，有远大抱负。他原名“圣俞”，后改“尧臣”，意为立志做个圣明君王的贤臣。

梅尧臣任建德县令的五年间，为人诚厚，清高自持。他经常深入百姓家中，与农人、烧瓦匠、贫妇交谈，了解民间疾苦，写出了大量激动人心的诗篇。在当时，他和苏舜钦齐名，在诗坛上声望很高，被合称为“苏梅”。他又和欧阳修是好友，积极支持欧阳修的古文运动，时人并称二人“欧梅”。

梅尧臣的创作实践与其创作主张是一致的。他的诗歌注重表现现实内容，题材广泛。他的创作活动，前后整整30年，留下一部《宛陵先生文集》，共60卷，约2900篇（首），包括诗歌、散文、赋。

陆游认为梅尧臣是李杜以后的第一位作家；南宋后期的诗人刘克庄在《后村诗话》里，称梅尧臣为宋诗“开山祖师”；欧阳修更是始终称梅尧臣为“诗老”，表达了内心的无限钦慕。

梅清：黄山画派巨子

自南宋年间，梅远九世孙梅师太，携子孙迁居柏枧山。梅师太这一支，即文峰梅氏。明代中后期至清代前中期，文峰梅氏名流辈出、灿若星河，并形成蜚声中外的“宣城数学派”“宣城画派”与“宣城诗派”。其代表人物有与汤显祖交往甚笃的明代著名戏剧家、文学家梅鼎祚；编纂《康熙字典》蓝本《字汇》的明代文字学家梅膺祚；“黄山画派巨擘”的清代大画家、诗人梅清；被称为“诗、书、画三绝”的梅朗中，以及数学家梅文鼐、梅瑴成、梅冲，画家兼诗人梅庚、梅磊、梅蔚等。

梅清是一位集诗、书、画于一身的大家，对“黄山画派”“新安画派”产生了重要影响。

梅清生于明熹宗天启三年（1623）。他生活的时代正是明末清初，社会上许多人存有反清复明的思想。他与明朝皇室后裔石涛交情深厚，相互切磋画艺。

梅清从小喜爱画画，早期描绘故园风情，后来喜爱上了黄山，潜心画黄山。他有时间就去黄山采风，经常登临天都、莲花、光明顶、狮子林等，在绝妙如画的山水间激情满怀，以一颗诗心去感受自然，画出了云烟变化的胜景。

石涛正因为仰慕梅清，多次前来宣州，在梅清作画的天廷阁与他一起谈诗论画。在绘画上，石涛早期的山水，受梅清的影响；梅清晚年画黄山，又受石

梅清作品

涛的影响。所以石涛与梅清，都有“黄山派巨子”的誉称。现代画家贺天健在《黄山派和黄山》中评道：“石涛得黄山之灵，梅瞿山得黄山之影，渐江得黄山之质。”

梅文鼎：天文算学大家

“宣城梅”在数学、天文学上也是人才济济，梅文鼎是其代表。明崇祯六年（1633），梅文鼎出生。他“九岁熟五经，通史事”，被当地人称为“神童”。梅文鼎一直未能考取功名，但他在数学和天文学上的天赋却得到了充分的发挥。他儿时便随父读《周易》，恰巧家中塾师罗王宾对天象知识很有研究。师生二人经常在夜晚仰观星象，梅文鼎被神秘的天文深深地吸引了，决心深入学习历法。后来，梅文鼎又拜天文名家倪观湖为师，学习日月交食的原理和计算方法。学习之余，梅文鼎撰写出《历学骈技》两卷。

历法的研究，离不开数学知识，因而梅文鼎在学习历法的同时，也深入地研究算学，撰写了《筹算》《方程论》等书。提及《方程论》，还有一段意味深长的故事。当时清廷重用西洋传教士汤若望等人，完全照搬西方天文学成果制定新历法，遭到大臣杨光先等人的激烈反对，朝臣也分成两派，双方发生争执，发生了著名的“历讼”事件，最后以杨光先为首的反对派落败。这之后，有些西方传教士便趾高气扬，认为西方科学先进于中华，进而蔑视中国传统文化。但1672年《方程论》一书却令学界无比惊讶，书中论证“方程非西法所有”，中国早在1000多年前就已经有方程及解法。

《方程论》也让梅文鼎结识了康熙近臣李光地，并被邀请到京城，得以与徐乾学、刘继庄等诸多科学家交流讨论，砥砺学问。他还指出《明史・历志》中的多处谬误。一时之间，梅文鼎名噪京师。

康熙南巡接见梅文鼎塑像

李光地建议梅文鼎写一部历学、算学的普及性读物，作为一般读者的入门书。梅文鼎欣然应允，写下《历学疑问》，由李光地作序，刊刻发行。

对梅文鼎深厚的历学、算学修养，康熙十分赞赏，赐字“积学参微”以赞。尽管受此殊荣，梅文鼎却并没有因此直攀青云，而是回乡笔耕不辍，埋首著书，著有《勿庵历算书目》等天文、数学著作70余种，其中数学著作20多种。他的著作将中西方的数学进行了融会贯通，对清朝数学的发展起了极大的推动作用。

受梅文鼎的影响，他的两个弟弟梅文鼐、梅文鼏也都喜爱天文学，并且都有建树。梅文鼎之子梅以燕，梅文鼎之孙梅瑴成、梅玕成，曾孙梅鈖、梅钬、梅钤、梅鈁、梅镠等都通数学，均有著作留世，梅瑴成的孙子梅冲也著有《勾股浅述》。

73 李公麟：宋画第一人

人物档案：

李公麟（1049—1106），字伯时，号龙眠居士，舒州（今桐城，一说舒城）人。北宋著名画家。代表作品有《临韦偃牧放图》《免胄图》《龙眠山庄图》《辋川图》等。传世作品有《五马图》等。

李公麟画像

李公麟何许人也？这要从一座山说起。

山叫龙眠山。龙眠山傍偎桐城古城，蜿蜒俊逸，主峰擎天，余脉东去，宛若游龙潜水，直通长江。明代许浩诗云："大小二龙山，连延入桐城。山尽山复起，宛若龙眠形。"黄庭坚赞道："诸山何处是龙眠？旧日龙眠今不眠。闻道已随云雾去，不应只雨一方田。"

黄庭坚、苏东坡、苏辙等文人雅士慕名而来，并留下了一定数量的诗文佳作。这源于人称"宋画第一"的李公麟，即因山而名的李龙眠。

李公麟出身名门大族，家世业儒。父亲李虚一曾举贤良方正科，任职大理寺丞，获赠左朝议大夫，喜好收藏书法作品、名画、古器等。李公麟耳濡目染，开启了艺术之门。

少年时，李公麟精心临摹顾恺之、阎立本、李昭道、吴道子、王维、韩幹等名家画迹。现存故宫博物院的《牧放图》，就是他精心临摹唐代韦偃的作品。画马千余，牧者百余，气势非凡。

李公麟作品

这位 21 岁就考中进士的画坛“怪杰”，在仕途生涯中，始终保持着旺盛的创作力。他作画极为勤奋，创作所涉及的题材范围也非常广泛。从佛道人物到历史故事，从鞍马、山水到现实生活，无不涉及，无所不精，被誉为“宋画第一”。苏东坡称“其神与万物交，智与百工通”。

李公麟擅长画马和人物。他画的人物，据说能够从外貌上区别出“廊庙馆阁、山林草野、闾阎臧获、台舆皂隶”等社会各阶层的特点，并能分辨出地域和种族的具体特点，以及动作表情的各种具体状态。他笔下的线条健拔却有粗细浓淡之别，构图坚实稳秀而又灵动自然，画面简洁精练，但富有变化，被称作“白描大师”。

他善画人物，尤工画马。苏轼称赞他：“龙眠胸中有千驷，不惟画肉兼画骨。”《五马图》为其代表作，画中五匹大马，由五个人牵引，神采焕发，顾盼惊人。此图用笔简练，极其细致生动地表现出骏马的特征。

有一次，骐骥院中来了几匹西域进贡的宝马，个个健美挺拔。徽宗爱惜良马，便

纪念李公麟的舒城飞霞公园

命令专人饲养。李公麟一如既往地来此画马，见到新来的胡马，激动不已，便大笔一挥，洋洋洒洒地在画布上描绘良马的神色。然而，画成后，马却死了。人们揣测因为李公麟的马画得太逼真，把活马的精魄摄去了。这则消息不胫而走，李公麟的名声也越来越大，以致后来管御马的小吏见了李公麟就紧张，生怕他又把马给画死了。

后来，李公麟因右手麻痹，辞官归隐故里龙眠山，自号龙眠居士、龙眠山人。他竹杖芒鞋，踏遍了龙眠山的峰峰壑壑，时而吟风啸月，时而卧石听泉，时而登高眺望，时而静坐凝神。此间，他绘就了千古不朽的《龙眠山庄图》。

回到龙眠山的李公麟不再画马，改画老虎。他画虎，是从来不画尾巴的。民间传说一画上尾巴，虎就会动。李公麟对后来桐城的“龙眠画派”产生了深远影响，宋代贾师古，元朝赵子昂、张渥，明朝陈洪绶、丁云鹏，清朝萧云从都取法李公麟，并取得了相当高的成就。

74 郑之珍：目连戏集大成者

人物档案：

郑之珍（1518—1595），字汝席，号高石，祁门县渚口乡清溪人。明代剧作家，著有《新编目连救母劝善戏文》。

目连救母的故事见于许多佛经、佛书，流传到中国最早的文字，是西晋时高僧竺法护译的《佛说盂兰盆经》。唐代的民间说唱《目连变文》将目连故事中国化，在长期演变与发展过程中，成了我国古代最具影响力的故事之一，北宋时期被搬上舞台，形成了目连戏。

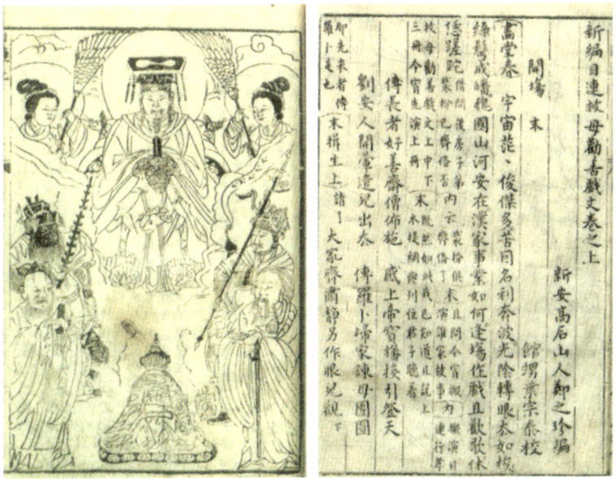
新编目連救母勸善戲文卷之上
新安高石山人鄭之珍编
館甥葉宗泰校
開場 末
畵堂春 宇宙茫茫、俊傑多昔同名利奔波光陰轉眼太如梭
綠鬢成皤幾國山河安在漢家事業如何逢場作戲且歡歌
傳長者好善齋僧佈施 感上帝寵播接引登天
劉安人聞常遣兒出去 傳羅卜歸家諫母團圓

《新编目连救母劝善戏文》书影

几百年来，目连戏以其博大纷繁的戏剧形式、无所不包的表演手段、积淀深厚的音乐素材及情景交融、观演互动的演出排场，在民间盛演不衰，一度广泛流布于安徽、江苏、浙江、江西、湖北、湖南、四川、山西、福建、河南等地。然而，发展到明代，目连戏版本芜杂，没有完整的总体结构框架，这就要求目连戏有完善的演出剧本，以统一形制，规范演出。于是，目连戏集大成者郑之珍应运而生。

传说，明朝祁门渚口乡清溪村旁有一个河州，名叫杨梅州。村中儿童常在此戏水玩耍，但其中一个孩子从不玩乐，总是安静地骑在河畔上一块依山凸起的石头上看书。这个孩子就是郑之珍。杨梅州上的这块石头，有一丈多高，形若骏马，后人将它称作“高石公骑石马”。后来，每逢清溪村打目连，村人都要到“石马”前烧香怀念目连戏的创作者郑之珍。

郑之珍的父亲郑云是位儒商。郑之珍有五个弟弟，长大后多为商人，郑之

郑之珍墓

珍却从小喜爱读书，且过目不忘，17岁考上秀才。青年时期的郑之珍曾经多次参加科举考试，却因为眼病屡次失意。虽然他入仕济世的理想不能实现，甚至生活还得靠家中的兄弟们接济，但他并不气馁，一直到40岁的时候，母亲去世，小儿出生，他才彻底放弃科考念头，在祁门、石台一带教书为业。

科举不第让郑之珍一直不能释怀，怎样才能实现以文济世的理想呢？只能走著书立说这条路了。

他所处的时代，封建社会走向衰落，新的资本主义成分开始萌芽，社会发生了深刻变化，商贸兴起，冲击着传统的伦理道德。精通戏曲的郑之珍在塾教之余，拿起笔来，依据《佛说盂兰盆经》情节将徽州民间传说、爱情故事糅合进去，洋洋洒洒编成了《新编目连救母劝善戏文》3册100折，重申纲常，维护伦理，阐明是非，以此醒世。这是目前唯一仅见的最古老的目连戏剧本。

郑之珍没走上仕途，社会少了一个官吏，却多了一个剧作家。

郑之珍夫妇合葬墓在祁门县渚口清溪村圣堂坞，这里山清水秀。墓呈椭圆形，有石阶、石栏、墓碑。墓碑题为“赐进士出身真足府推官良族经履详拜题，明庠生高石公郑公讳之珍夫妇墓”。郑之珍的墓虽深藏山中，但他已在戏剧界留下浓墨重彩的华章。

75 萧云从：姑孰画派创始人

人物档案：

萧云从（1596—1673），字尺木，号于湖老人、无闷道人、默思，安徽芜湖人。明末清初芜湖著名画家，姑孰画派创始人。代表作有《太平山水图》《离骚图》《梅花堂遗稿》等。

明末清初，画坛上出现了独树一帜的画派，这就是以太平府署所在地姑孰（今当涂县）为名的姑孰画派。当时太平府辖当涂、芜湖、繁昌三县，核心层的画家达72位，以萧云从、黄钺等为代表。他们从传统中汲取精华，继承先贤的优秀表现技法，提倡从真山真水中体会师法自然的真谛，追求简疏萧条的绘画意境。

萧云从塑像

萧云从是公认的姑孰画派创始人。

萧云从学画，有一定的家学渊源。史料记载，他的父亲萧慎余是当地的乡贤，通晓画技。他希望萧云从能够成为大画家，因此悉心培养。

萧云从自幼聪慧好学，专注于绘画，四季苦练不辍。八九岁时，他就开始跟老师学习《孟子》和六律五音，渐习文章词句，15岁时，便开始临摹唐寅作品，甫一成年，学识已经超出常人。二十五六岁时，萧云从已经通读《左传》《国语》

《汉史》和历代志论、程朱理学；琴棋书画，样样精通，还是算术好手。

不过就算这样的天纵奇才，遇到科举考试，也有不灵的时候。萧云从青少年时期科考一直不顺。1638 年，他与弟弟萧云倩一起加入复社（明末以江南士大夫为核心的政治、文学团体），与东林党（明末以江南士大夫为主的官僚政治集团）相呼应，同魏忠贤阉党马士英、阮大铖等斗争。

44 岁时，萧云从考中崇祯朝的贡生。然而 1644 年，明朝在内外交困中灭亡了。萧云从忧愤国破家亡，长期闭门读书，或漫游长江两岸，或驻足名山大川，从事创作活动，成就日著。他的诗雄浑奔放，音韵铿锵，代表作有《易存》《韵通》《杜律细》等。其作品诗中有画、画中有诗，配上俊逸潇洒、散朗秀健的书法，达到诗、书、画三者统一和谐的境界。

萧云从的画初学倪云林、黄公望，这两位都是前代的水墨名家。他晚年画技炉火纯青，绘画风格逐渐成熟，形成了“清疏韶华、笔墨爽利”的鲜明的个人风格。当时太平府跟他学画的人很多，其中有他的弟弟萧云倩、儿子萧一旸，侄子萧一荐、萧一箕、萧一芸，还有画友陈延、孙逸、韩涛、方兆曾、释海涛、王履瑞、施长春等数十人。再经由这些人的传承，最终形成了独树一帜的姑孰画派。后来自成一派的“海阳四大家”之中的渐江、孙逸，也都向他求教过画艺。据传，铁匠汤天池认识萧云从后，随他学画，并在他的指导下以铁作画，最终成为芜湖铁画的创始人。

萧云从的画镂版传世的有以人物为主的《离骚图》64 幅和以山水为主的《太平山水图》43 幅。萧云从 100 多幅画作现珍藏在亚洲、欧洲、美洲等几十个著名博物馆内。

1673 年，萧云从去世，葬于芜湖城西严家山。由他缔造的姑孰画派的精神风骨，永留人间。

76 渐江：新安画派巨擘

人物档案：

渐江（1610—1664），法名弘仁，号渐江。本姓江，名韬，字六奇，安徽歙县人。明末清初的著名画僧。他兼工诗书，主要以山水名重于时，是“新安画派”的领袖。代表作有《西岩松雪图》《秋山双瀑图》《黄山天都峰图》等。

歙县西干山，因为长眠着渐江、汪采白、汪世清等文化名人而出现在各种书籍中。这里有披云古道、披云亭。登临披云亭，向远处眺望，四周风光尽收眼底。新安画派大师渐江墓旁植梅数十株，被称“梅花古衲墓”，墓志、祭台、石栏等俱全，梅枝交柯，松竹荫护，一派幽雅肃穆气氛。每年都有来自全国的画家前来瞻仰。

渐江本姓江，于明万历三十八年（1610）生于歙县东关桃源坞。江家原是歙县的望族。渐江年轻时读书用功，考上了秀才。不幸的是，他祖父和父亲相继

渐江画像

渐江作品

去世，只剩下孤儿和寡母，生活便渐渐困苦起来。

汪无涯是歙县名儒，渐江拜他为师，习五经，准备科考。清兵入关，明朝覆亡，他的人生轨迹也随之改变。他先是跟一批反清志士去武夷山投奔唐王朱聿键，最终事败。为了躲避清兵搜捕，渐江在武夷山皈依佛门，拜在道舟禅师座下，法名弘仁，渐江自取字无智，号渐江。

渐江在武夷山为僧的时间里，把精力全放在绘画上。后来回到歙县，他仍居佛寺中。他几乎每年都登黄山，有时就住在黄山云谷寺、慈光阁之中。因他不是一般僧人，云谷寺、慈光阁中的方丈对他很尊重。他游黄山，常在寺中作画。其间，浙江也到芜湖、宣城、江西、南京、扬州等地游览，与同时代的画家、文人时有交往，切磋技艺。他与萧云从过从甚密，在艺术技巧上相互影响，传为画坛佳话。

浙江临遍古人，寻遍河山，一心绘画。清康熙二年(1663)六月，他回到歙县，在朋友家欣赏古代书法真迹及宋元名画。在一次外出游玩后，他兴起解衣作画，受了风寒，回到五明寺后，便生了病。第二年，浙江就不幸去世了，葬在歙县西干山披云峰下五明寺附近。他的朋友和弟子们在墓地种梅数十株，以了他生前爱梅的遗愿。

浙江早年的画署名江韬，走的是传统路子。他出家后，画风大变，到 40 岁时，风格渐趋成熟；50 岁以后，画艺已经炉火纯青，达到了个人的艺术巅峰。当时徽州一带的画家深受其影响，发展成为国画史上声名煊赫的“新安画派”。他的画神韵逸趣似元，风骨法度似宋，又完全有他自己的独特风格：冷、静、净。其画作悲凉苍怆，又如玉湖春冰，无纤毫尘俗气。

“闲静简远”“高流静士”是古代画家最向往的境界，也是古人认为最美、最高的风格。“敢言天地是吾师，万壑千崖独杖藜”，在后世眼中，一生于行走中作画的浙江做到了。

77 邓石如：一代书法宗师

人物档案：

邓石如（1743—1805），名琰，字石如，安徽怀宁（今安庆宜秀区）人。清代篆刻家、书法家，邓派篆刻创始人。

邓石如画像

安庆宜秀区白麟畈，有铁砚山房，是邓石如、邓稼先故居。它南依大龙山，东有凤凰河，西有白麟山，北有赤龟山，古称四灵山水，又称龙山凤水。铁砚山房共三进，如今这里展示了邓石如的书法艺术和邓稼先科技报国的英雄事迹。

邓石如从小受祖父和父亲的影响，对书法、金石、诗文都产生了浓厚兴趣。17岁时，他为人做篆书，就博得了好评。此后，他便以书刻自给。

32岁时，邓石如从家乡启程，前往寿州（今寿县），为寿春循理书院中的学生刻印。恰巧著名书法家梁巘正主讲寿春书院，见到邓石如所刻的印章以及书写的小篆，大为惊叹，认为他虽然不谙古法，但其笔势浑鸷，极有天赋。梁巘慧眼识才，虽与邓石如素昧平生，但他马上写信介绍邓石如去见江宁（南京）举人梅镠，并为他购置行装。

梅镠是江南金石书法收藏家，家中的珍品很多。由于梁巘的介绍，邓石如客居梅家，博览秦汉以来的金石善本。他清晨起床，研墨盈盘，直到半夜将墨写尽才睡。邓石如在梅家整整过了8年，勤奋学习，寒暑不辍。

离开梅家后，邓石如遍游各处名胜，临摹了大量的古人碑碣，进一步打开了眼界，锤炼了自己的书刻艺术，终于产生了“篆隶真行草”各体皆备又自成一家的大量作品。他游黄山至歙县，结识了徽派著名金石学家方君任和溪南经学家程瑶田，及翰林院修撰、精于篆籀之学的金榜。后经梅镠和金榜举荐，他又结识了户部尚书曹文埴。曹文埴对他的评价极高，赞其“四体书皆为国朝第一”。

曹文埴借为乾隆贺寿之机，邀邓石如一同进京。他的书刻受到刘墉、鉴赏家陆锡熊的赞赏，其评论说：“千数百年无此作矣。”邓氏的大名不胫而走了。

清代乾隆、嘉庆年间，董其昌和赵孟頫的书体以及馆阁体是当时的流行书风，绝少人写篆隶。邓石如不随流俗，直接向秦汉篆隶学习，取法高古。对书法篆刻艺术而言，这是具有划时代意义的创举，但也难免受到一些所谓主流书家的排斥。当时内阁学士翁方纲号称书界领袖，抱残守缺，加之邓石如进京多时也不登门拜谒，引起翁方纲的强烈不满，故而翁方纲对其大加排挞。

曹文埴介绍邓石如到两湖总督毕沅处做幕宾，并为毕沅子教读《说文字原》。三

安庆邓石如碑馆

邓石如故居内碑刻

年后，他辞职回乡。毕沅送他铁砚一枚，他在家乡与友人袁廷极赠送的两只仙鹤为伴，研读诗书。

有一年，他的雌鹤遭猎杀而死，加之夫人沈氏撒手人寰，邓石如悲痛至极。为了避免雄鹤再遭人害，邓石如将它送到30里外的集贤关僧舍寄养，并常往来“担粮饲鹤”。可是，安庆府的樊知府看上了雄鹤，便命手下人强掳回府。邓石如决计写书一封索要此鹤，于是就有了那篇脍炙人口、广为传颂的《陈寄鹤书》。这篇洋洋洒洒两千言的文章，讲述了他得鹤、寄鹤、索鹤的过程，不仅笔意洒脱，而且文辞犀利、内容离奇，成为一篇集书法美与文笔美于一体的惊世之作。

辞幕返乡后的10年里，他的书刻艺术臻于化境。他不顾年迈，常游于外地。临终前一年，他还登泰山，会晤友人，切磋技艺。60岁时，他游京口，结识包世臣，授书三年。包世臣在《艺舟双楫》中，对恩师诚心拜服，奉其篆书为神品。

邓石如以隶法作篆，突破了千百年来玉筯篆的樊篱，为清代篆书开辟了一个新的天地。特别是他晚年的篆书，线条圆涩厚重，雄浑苍茫，臻于化境。隶书则取法汉碑，以篆意写隶，又佐以魏碑的气力，结体紧密，貌丰骨劲，大气磅礴。在篆刻艺术发展史上，邓石如自成一家，世称“邓派”。

安庆菱湖公园有邓石如碑馆，展出邓石如碑刻148方。篆、隶、真、行、草五体俱全，老辣纷披、玄机渗透。馆内廊榭辉映、假山叠石，清幽恬静。

78 包世臣：书论大家

人物档案：

包世臣（1775—1855），字慎伯，晚号倦翁，安徽泾县人。清代学者、书法家、书学理论家。著有《艺舟双楫》。

许多研究书法的人，都会去研读《艺舟双楫》。这部著作论书绝句，阐述学书经验，评论汉代以来书法用笔源流，倡导碑学，对后世书风的变化很有影响。《艺舟双楫》的作者包世臣，被人称为全才幕僚、书论大家。

包世臣画像

林则徐“虎门销烟”这段历史，今人几乎耳熟能详。但在清道光十八年（1838），林则徐刚刚奉命赴粤禁烟时，可谓困难重重，他所要面对的，是由此而导致的外交形势变化，甚至是兵燹之患。

林则徐正为禁烟困惑时，路过南昌，找到在这里任职的包世臣，讨教禁烟的计策。包世臣认为，如果英国鸦片在中国禁绝，他们每年的财政收入要减少五六成。那样一来，那些因为英国富强而附庸它的国家，也会生出异心，故而英国不得不以全力来扭转局面，战争避免不了。他向林则徐建议，招用澳门一带习海性的游勇四五千人，以增强防御力量。后来鸦片战争打响的事实证明，包世臣对时局的判断具有前瞻性。

包世臣出身于下层封建知识分子家庭，少年时受到良好的教育。清嘉庆十三

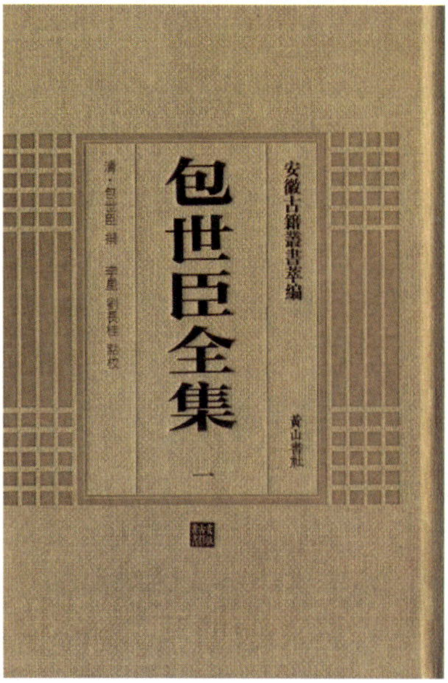

《包世臣全集》书影

年（1808），包世臣中举人，随后开始了长达半生的幕僚生涯。

包世臣生活的时期正是清廷式微、外忧内患之际。他受顾炎武《日知录》影响很大，看重经世之学，包括漕运、钱粮、刑名之学，以及兵家之术。因其在当时重大的社会问题，即所谓“齐民四术”方面的广博学识，故成为当时许多封疆大吏重视的“全才”幕僚。

包世臣关心国家命运。只要一有机会，他就向当政者提供“抗夷方略”。可惜的是，面对当时波谲云诡的政局和清朝多年闭关锁国所导致的落后现状，包世臣这样的仁人志士，只能是空洒一腔热血。

包世臣挚爱书法，师从大书法家邓石如学篆隶，后又倡导北魏体，晚年习“二王”。在书法领域，他的主要贡献是通过书论《艺舟双楫》倡导碑学，对清代中后期书风的变革影响很大，至今为书界称颂。

包世臣以书法名世，但又非潜心在书斋中“舞文弄墨”。他的主要兴趣在经世致用，在清末的士人当中独树一帜。同时代安徽籍学人中，也堪称经世大才的，只有比他稍晚的当涂人夏燮。

79 程长庚：京剧鼻祖

人物档案：

程长庚（1811—1880），名椿，字玉珊，安徽潜山人。清代徽戏、京剧表演艺术大师，为京剧艺术的形成作出了重要贡献，被誉为“徽班领袖”“京剧鼻祖”。

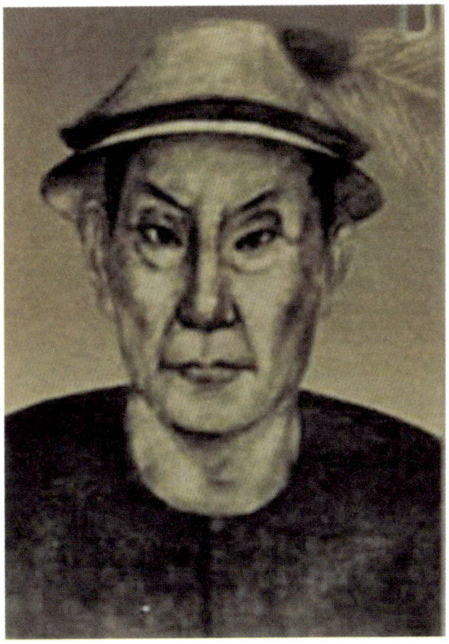

程长庚画像

潜山王河镇程家井村有一建筑，坐北朝南，是程长庚故居。许多人前来参观，探寻程长庚从事徽戏表演以及发展京剧的艺术之路。

在戏剧发展史上，不得不说“徽班进京”。清乾隆五十五年（1790）秋天，为庆祝乾隆八十大寿，徽商江春组织了“三庆班”的徽戏戏班，由徽戏艺人高朗亭率领进京演出。

由于徽戏曲调优美，演出新颖，又具有浓郁的生活气息，不仅皇家喜欢，京城的达官贵人喜欢，就连老百姓也非常喜欢。一时间，京城大街小巷、酒馆茶肆里，谈的都是徽班的逸闻趣事。

出生于石牌的高朗亭演唱“二黄调”非常出色，他们以安庆花部合京、秦两腔，诸腔并奏，令人耳目一新，打破了昆腔长期独占京都剧坛的局面，并引来四喜、启秀、霓翠、和春、春台等徽班相继进京。在演出过程中，六个戏班逐渐合并为四大徽班，即三庆、四喜、春台、和春。

程长庚父亲是徽戏艺人。他从小就在徽戏的腔韵里长大，有着扎实的徽戏基础。徽班在京城大受欢迎，11 岁的程长庚也随父亲入京。为了开阔他的戏路，父亲让他拜师学习昆曲，他悟性高，先天条件好，很快就成为戏班子里的顶梁柱。他

程长庚故居

的唱腔脱胎于徽调，取法于楚调，兼收昆曲、山陕梆子，融汇为皮黄调，以徽音为主。他讲求柔寓于刚，字正腔圆，沉雄爽朗，后来以《文昭关》《战长沙》里老生的演出而饮誉京城。同治、光绪年间，程长庚任三庆班班主。

程长庚重视人才的培养，他创办三庆班科班，严格授徒，后来出名的京剧老生新三派谭鑫培、汪桂芬、孙菊仙和杨月楼都是他的弟子。同时他不断进行声腔的变革和剧目的创新，创新改造的剧目代表作有《战樊城》《文昭关》《群英会》《捉放曹》等。他在中国传统戏曲的基础上，推动了徽戏向京剧的嬗变，在中国京剧史上铸起了一座丰碑，被誉为“徽班领袖”“京剧鼻祖”。

80 戴名世：清风不识《南山集》

人物档案：

戴名世（1653—1713），字田有，号药身，晚年号称南山先生，江南桐城（今安徽桐城）人。清翰林院编修，在文学、史学方面都有相当大的成就，著有《南山集》等。

戴名世画像

桐城孔城镇清水村，有座戴名世墓。因为墓主人戴名世56岁参加科考，殿试取得一甲第二名，该墓又被称为“榜眼坟”。

戴名世的故事天下皆知，他是清朝文字狱的受害者。

戴名世幼时家境相当贫寒，坎坷不平的生活经历铸就了他独特的性格特征，也为他日后思想发展奠定了坚固的基础。

戴名世11岁就熟读四书五经，被长辈公认为有出息的孩子。为了养家，他20岁起开学馆教授学生。直到34岁时，他在督学使者李振玉鼎力推荐下进了国子监，即大清国的最高学府。

戴名世极有才，也很自负。在繁华的京城，作为一个清高正直、才华横溢的文士，戴名世只能过着冷落、孤寂的生活。万幸的是，他在京师与徐贻孙、王源、方苞等人聚在一起，开怀饮酒，谈古论今。振兴古文是他们的共同爱好。他们长期在一起切磋研讨，进行古文创作实践，这一切孕育着桐城派的诞生。

戴名世因文才名动京师，祸也由文字而起。他热衷于研究古文和史学，决心

戴名世著作

要在文学上继承韩愈、柳宗元、欧阳修、苏轼文风，而在史学上继承司马迁之习。

戴名世想效仿司马迁作《史记》，写一部有价值的著作。因此，他四处游历，走过燕赵、齐鲁以及江苏、浙江、福建等地，访问故老，考证野史，搜集明代逸事，时时借文章自我抒怀……一时间，人人皆知。

戴名世的弟子尤云鹗把自己抄录的戴氏古文百余篇刊刻出版，因戴名世住在南山冈，就取名《南山集偶抄》，此即大名鼎鼎的《南山集》。

此书一经问世，马上风行江南各省，其发行量之大、流传之广，在当时同类的私家著作中是罕见的。正是这本书，使戴名世流芳文坛，却也给他招来杀身大祸。

大臣赵申乔因他的儿子科举考试之事与戴名世结怨，一直怀恨在心。终于，他在《南山集偶抄》里发现了漏洞，抓到了戴名世的小辫子。《南山集偶抄》中有一封戴名世写给他门生余湛的信，让他寻找一个和尚。这个和尚曾在南明王朝最后一个皇帝朱由榔宫里做过事，余湛即将此人口述记录寄给戴名世。赵申乔由此指斥戴名世勾结前朝余孽，目无清朝，大逆不道。

万万没有想到的是，文字之狱降临到他头上，祸及全家并与此书有关的人士。戴名世引颈受死；因作品《滇黔纪闻》被戴名世采用，桐城方孝标虽已去世多年，仍被开棺戮尸，方家子孙全部充军黑龙江；著名学者方苞为此书作序，也被判往汉军旗人家为奴，后因皇帝的赦免才复籍。此事称“南山集狱”，震惊后世。

81 方苞、刘大櫆、姚鼐：桐城派三祖

人物档案：

方苞（1668—1749），字灵皋，亦字凤九，晚年号望溪，江南桐城（今安徽桐城凤仪里）人。桐城“桂林方氏”十六世，清代散文家，桐城派奠基人。

刘大櫆（1698—1780），字才甫，一字耕南，号海峰，江南桐城（今枞阳县汤沟镇）人。桐城派散文宗师。

姚鼐（1731—1815），字姬传，室名惜抱轩，世称惜抱先生，江南桐城（今安徽桐城）人。清代著名散文家，与方苞、刘大櫆并称“桐城派三祖”。

方苞：桐城派奠基人

方苞画像

桐城派是我国清代文坛上最大的散文流派，亦称“桐城古文派”，世通称“桐城派”。它以其文统的源远流长、文论的博大精深、著述的丰厚清正，风靡全国，享誉海外，在中国古代文学史上地位显赫。

戴名世是桐城派先驱，方苞为桐城派奠基人。

说起方苞，不能不提桐城方氏家族。宋末元初，方德益由江南辗转迁徙而来，定居于凤仪里学宫附近，后发展为望族。方家自第七世开始分房，共九大房。《桐城桂林方氏家谱》称“吾宗九叶，人文蔚起”。方氏家族尤以“中一房”和六房两支人才最盛，在一定时间段里甚至出现了井喷之势。

方苞作品集

明代嘉靖隆庆期间，“中一房”十一世方学渐是著名学者，为明代中叶桐城学术的领头人。此后，其子方大镇（明大理寺左少卿）、其孙方孔炤（明湖广巡抚）、其曾孙方以智（明崇祯翰林院检讨、侍讲学士）、其玄孙方中通等，不断发扬光大，被誉为“一门五理学”。方中通在数学和天文学方面建树颇著。

与“中一房”多理学达人不同的是，六房则以显宦和文学著称。第十二世方大美可谓六房发祥的奠基人物。他是万历十四年（1586）进士，初授湖广常德府推官，后擢御史、巡按江西，再巡河南、顺天，旋迁大仆寺少卿。他育有五子，以幼子方拱乾这支人才最盛。

方苞就是这一支的后裔。祖父方帜12岁便考中秀才，贡试考取第一，后被授芜湖训导，相当于现在的教育局长。父亲方逸巢是个诗人，与曹雪芹爷爷曹寅是忘年交，常在一起诗歌唱和。

方苞6岁能背诵诸经，24岁入北京国子监，以文会友，声誉鹊起，被称为“江东第一”，大学士李光地称赞其文“韩欧复出，北宋后无此作也”。他32岁举乡试第一，39岁中贡士，以母病告归，未应殿试。《南山集》案他被牵连入狱，因为才华获得康熙特批，得以免死出狱，入南书房为皇帝文学侍从。雍正时期，方苞升内阁学士、礼部侍郎，充任《一统志》总裁。清乾隆元年（1736）再入南书房，充任《三礼书》副总裁。

方苞因病告老还乡后，闭门谢客著书以终。他的文章继承唐宋古文传统，学奉程朱理学，并首创“义法”说：“义”即言之有物，“法”即言之有序，强调“文”与“道”相统一，创造了清正雅洁、严谨朴质的文体。

后继者即以方苞“义法”为纲领，不断发展完善，形成了主盟清代文坛200余年的桐城派，并延续至五四时期，作家、作品数量众多，影响巨大，有“天下文章数桐城”之誉。

刘大櫆：承前启后的散文宗师

刘大櫆画像

刘大櫆是桐城派中比较重要的一位。他前继方苞，后启姚鼐，身体力行，著作等身。

刘大櫆父亲刘柱是一名饱读诗书的县学生，刘大櫆自小便受到家庭的熏陶，埋头苦读儒家典籍。

青年时代，刘大櫆期待建功立业，报效国家。他 29 岁时进京，受到方苞的赏识，当时的一班达官贵人，都惊羡于他的文才，有识之士争着与刘大櫆交往。但他在科举方面却一直未能得意，33 岁、36 岁两次应乡试，都只中了副榜；39 岁再应顺天乡试，还是没有考取。

屡试不第的刘大櫆，只身流落至武昌，后又在浙江做了一段时间幕僚。64 岁时，他才在黟县谋得教谕一职，算是踏上了仕途，至 71 岁去官，后应聘至歙县主讲问政书院。

在刘大櫆不幸的人生中，认识方苞是他最大的幸事。方苞一见其文，便说：“我方苞算不了什么，我的同乡刘大櫆才真的称得上才华横溢呢！”在方苞眼中，刘大櫆是韩愈、欧阳修一类的人物。刘大櫆对方苞也十分拜服，执弟子礼。

认识姚鼐并与其成为忘年交，是刘大櫆人生的第二大幸事。1750 年，刘大櫆回桐城，第一次在姚家见到姚鼐。此时姚鼐已经 20 岁了，对刘大櫆的才学非常钦佩，以师事之。

方苞 1749 年去世，刘大櫆 1750 年与姚鼐携手，历史就这样把刘大櫆推到了方苞、姚鼐的中间。三人的师友承传，为中国历史上最重要的文学流派之一——桐城派的开宗立派，奠定了牢固的基础。

刘大櫆故居

刘大櫆 76 岁回归故里，在江畔故居聚徒讲学，直至 83 岁病故。他在写作上兼重古文神韵，博采众长，在总结和发展了桐城派散文的基础上，强调神气、音节、字句的统一，重视散文的艺术表现形式，形成了独特的风格。他在仕途失利后，完成了《海峰先生文集》及编辑《历朝诗约选》93 卷等。他传业授徒，弟子中除了姚鼐，还有王灼、吴定、程晋芳、钱鲁斯等名士。

刘大櫆故后葬于今枞阳县向荣村，墓为省级保护文物。

姚鼐：桐城派文学集大成者

姚鼐出生于桐城南门的一个书香人家，也是一个官宦世家。不过，姚鼐出生时，家道已经衰落，生活相当贫困。

他小时候夜间苦读，兄弟三人围坐在一盏油灯下读书。最困难的时候，一日两餐都很难保证，经常要靠喝粥来饱腹，但这丝毫没有影响姚鼐积极进取。

姚鼐伯父姚范学贯经史，进士及第后为翰林院编修。姚范跟刘大櫆是过从甚密的挚友。因此，从姚鼐幼年始，姚范和刘大櫆便是他最崇敬的老师。

乾隆十五年（1750）秋，姚鼐20岁，参加江南乡试，考中举人，然而次年参加礼部会试，却名落孙山。他这年认识了刘大櫆，并拜他为师。有着同样辛酸科考经历的刘大櫆写信鼓励他，这坚定了姚鼐的信心。

姚鼐画像

姚鼐墓

经过五次失利，乾隆二十八年，姚鼐终于考取了进士，授翰林院庶吉士。三年后散馆改任兵部主事，旋补礼部仪制司主事。后任山东、湖南乡试副考官，恩科会试同考官和刑部广东司郎中等职。后来，被荐入四库全书馆充纂修官。

因为不适应圆滑世故、明哲保身的官场，44岁时，正值壮年春风得意之际，姚鼐却毅然辞官，且婉拒了御史之职。他耿介正直，特立独行，希望著书立说。

自乾隆四十一年起，近40年间，姚鼐先后任扬州梅花书院、安庆敬敷书院、歙县紫阳书院、江宁钟山书院主讲，精心培养了梅曾亮、管同、方东树、姚莹等一大批弟子，他以自己的古文理论指导教学实践，使“桐城家法”得到广泛的传播，成为继戴名世、方苞、刘大櫆之后显赫于文坛的桐城派宗师。

1815年，85岁的姚鼐逝世于南京钟山书院，归葬于家乡，墓地在今枞阳县义津镇朱公村。200多年来，凭吊者络绎不绝。

吴敬梓：笔绘儒林万千态

人物档案：

吴敬梓（1701—1754），字敏轩，一字文木，晚年自称“文木老人”，安徽全椒人。清朝伟大的小说家之一，著有长篇讽刺小说《儒林外史》。

全椒吴敬梓纪念馆是为纪念《儒林外史》的作者吴敬梓而建，位于县城北郊走马岗，隔着襄河与吴敬梓故居“探花地”旧址相望。建筑仿明清风格，雕梁画栋，曲槛回廊。馆内珍藏众多吴氏家珍、名家著述和名人字画，是研究吴敬梓的重要基地。

吴敬梓家族为地方世族，曾祖父吴国对是顺治年间的探花，祖父吴旦是个监生，伯叔祖吴晟、吴昺都是进士及第，可谓“一时名公巨卿多出其门”。

13 岁时，吴敬梓母亲去世，第二年，他跟随父亲吴霖起去赣榆县上任。吴霖起在赣榆县主管教育，他为官清廉、正直，鞠躬尽瘁，为赣榆县教育事业作了很大贡献。

吴霖起到任之初，见到那里很多教舍凋零倒塌，就先捐出自己一年 40 两俸

吴敬梓故居

吴敬梓画像

银，然后又变卖吴家祖产良田3000亩，修建校舍，改善学习环境；接着变卖了自家在五河、天长、含山、和州等地的当铺、布庄、银楼等，筹银近万两，修建在大地震中毁坏的文庙、尊经阁，并且新建“敬一亭”。

吴敬梓目睹父亲的努力和贡献，为他深感骄傲。然而他也目睹了父亲因不善于巴结上司，最终被罢免回乡的不公待遇，对官场的腐败有了切身体会。

吴敬梓很早就显露出良好的禀赋和才气，经常随父亲参加一些当地名士的聚会。加上他毕竟出生于官宦人家，出手大方，视钱财如粪土，从而养成一种放荡豁达的人生态度。

父亲去世后，留下了2万多两银钱的巨额遗产，可是由于吴敬梓不善经营，加上族人之间争夺财产，很快这笔钱就被花光了。因此，33岁的吴敬梓成为当地有名的“败家子”，成了乡邻教育子孙的反面教材。

吴敬梓决定搬迁到南京去生活。到南京后他穷困潦倒，基本上靠卖文和朋友接济度日。尽管如此，他也不肯去参加科举考试，走做官的路。

吴敬梓一生大半时间消磨在南京和扬州两地，官僚豪 绅、膏粱子弟、举业中人、名士、清客，他是司空见惯了的，也愤慨地看到官僚的徇私舞弊、豪绅的武断乡曲、膏粱子弟的平庸昏聩、举业中人的利欲熏心、名士的附庸风雅和清客的招摇撞骗。他深刻地体会到世态炎凉，便拿起笔来抒发情怀。他一生创作了大量诗歌、散文和史学研究著作，有《文木山房诗文集》12卷，大多失散。而确立他在中国文学史上的杰出地位的，是他的长篇讽刺小说《儒林外史》。

《儒林外史》对种种类型的知识分子的腐朽进行了彻底揭露，真是“如大禹之铸九鼎，神妙无循形”，加上生动的艺术形象塑造，使作品具有震撼人心的力量，千古不朽。

83 姚莹：文武兼修写《康輶纪行》

人物档案：

姚莹（1785—1853），字石甫，号明叔，自号幸翁，安徽桐城人。晚清史学家、文学家。著有《康輶纪行》《东槎纪略》等。

姚莹画像

姚莹是姚鼐的侄孙，有着深厚的家学渊源。他自幼读书很杂，且“博证精究”，尤其善于写作策论文章，对时事有很深刻的洞察。

清嘉庆十二年（1807），姚莹考中举人。第二年，他一举考取了进士。一年后，他做了广东总督百龄的幕僚。当时海寇频频骚扰广东沿海一带，姚莹经常参与招讨，因而对海上作战的情形深为熟悉。后来他在福建、江苏做地方官，政声极佳，有“闽吏第一”的美誉。

清道光十一年（1831）三月，姚莹进京，与龚自珍、魏源、张际亮、汤鹏这些实干派人物过从甚密，常常一起探讨经世之学，关注国计民生、时政利病。当时，道光帝诏谕朝廷内外大臣举荐人才，由于林则徐的力荐，姚莹升为高邮州知州。他还没赴任，便被调去负责两淮盐运。

由于姚莹熟悉海上兵务，道光十七年，道光帝授姚莹台湾兵备道之职，赏加按察使衔。当时，英国殖民者看到台湾孤悬东海，欲抢占台湾作为进攻中国内地的跳板。时任台湾兵备道的姚莹与协同防御的总兵达洪阿，对此早有洞察和预防，并做了认真的应战准备：加紧修筑防御工事，添置枪炮弹药等。他带领台湾军民共取得了“五战五胜”的辉煌战绩，震撼中外，道光帝曾多次嘉奖。

后来，姚莹被擢升为广西、湖南按察使，参加在永安围攻太平军之役。围攻失败后，他随军至湖南长沙，后病逝于军中，墓在桐城市城区西北 9000 米的龙

姚莹著述

眠山小河口。姚莹故居，位于桐城市的寺巷内。

姚莹的一生，因为力主对外作战，遭到投降派官员的陷害，并因此“出西藏治狱”，往返六七千里，道经绝漠，受尽折磨。姚莹却安之若素，冰山雪窖中，也是诵读、吟咏不辍。在这一时期，他系统地考察所经地区的山川、地形和风土人情，加之熟悉西洋各国，写成了《康輶纪行》15 卷。他在书中提出，要抵抗西方侵略者，必须要学习他们的自然科学技术。这部书和魏源的《海国图志》、徐继畬《瀛环志略》一起，开启了中国早期近代思想启蒙的先河。

文学创作上，姚莹诗文俱佳，才华横溢，其文收录于《东溟文集》《东溟外集》和《东溟文后集》等著作中。他的文章除阐释性理者外，包括论辨、序跋、赠序、书信、记传、杂文等，包罗万象，有很高的文学价值和史料价值。

84 吕碧城：现代女子教育先驱

人物档案：

吕碧城（1883—1943），一名兰清，号明因、宝莲居士，安徽旌德人。中国女子教育的先驱，被赞为“近三百年来最后一位女词人”，与秋瑾并称“女子双侠”。

吕碧城照片

“漠漠长空，离离衰草，欲黄重绿情难了。韶华有限恨无穷，人生暗向愁中老。”这是吕碧城所作词句，是她心境的一个真实写照。当时国内外均陷于战争的深渊，吕碧城独自一人旅居海外。

她年轻时，则是另一种景象。20 世纪前一二十年间，中国文坛、妇女界以至于整个社交界，曾有过“绛帷独拥人争羡，到处咸推吕碧城”的一大景观。她的人生，是一部说不尽的传奇。

吕碧城祖上本为徽商，后为翰林。父亲吕凤岐，清光绪三年（1877）进士及第，曾任山西学政。生母严士瑜是清朝女性文坛领袖沈善宝的外孙女。吕碧城姐妹四人，她与姐姐吕惠如、吕美荪都以诗文闻名于世。

父亲的三万卷藏书给了吕碧城许多滋养，她喜爱诗词，却不喜欢华丽的辞藻。她 12 岁时，父亲去世了，族人想霸占她们家财产，唆使匪徒将母亲劫持。吕碧城在京城听到了消息，四处告援，给父亲的朋友、学生写信求助，把事情圆满解决了。不过，与她定娃娃亲的汪家起了戒心：小小年纪的吕碧城就可以呼风唤雨，再大一点谁惹得起？于是提出了退婚的要求。

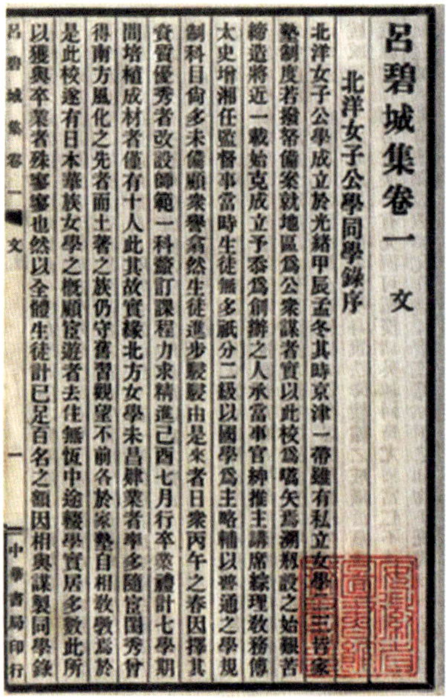
呂碧城集卷一　文

北洋女子公學同學錄序

北洋女子公學成立於光緒甲辰孟冬其時京津一帶雖有私立女學二三皆家塾制度若撥帑備案就地區為公衆謀者實以此校為嚆矢焉溯剏設之始艱苦締造將近一載始克成立予忝為創辦之人承當事官紳推主講席綜理教務傅太史增湘任監督事當時生徒無多祇分二級以國學為主略輔以普通之學規制科目尚多未備頗蒙衆譽翕然生徒進步駸駸由是來者日衆丙午之春因擇其資質優秀者改設師範一科釐訂課程力求精進己酉七月行卒業禮計七學期間培植成材者僅有十人此其故實緣北方女學未昌肄業者率多隨宦閨秀曾得南方風化之先者而土著之族仍守舊習觀望不前各於家塾自相教敎焉於是此校遂有日本華族女學之概頗宦遊者去往無恆中途輟學實居多數此所以獲與卒業者殊寥寥也然以全體生徒計已足百名之額因相與謀製同學錄

呂碧城集卷一　文　一

中華書局印行

吕碧城作品集

婚约解除后，吕碧城随同母亲远走娘家，投奔在塘沽任盐运使的舅父严凤笙。

随着西方民主思想的输入，中国女性开始觉醒，“张女权，兴女学”，争取男女平等权利和女子受教育权利，成为当时妇女解放运动的潮流。

天津办有女子学堂，吕碧城不顾保守的舅父严词骂阻，逃出家门奔赴天津，这在当时也算是惊世骇俗之举。这次出走，让19岁的吕碧城开始登上文坛，也是她与各界名人交往的开始。

她在天津受聘为《大公报》第一名女编辑。仅仅几个月，她在报端屡屡发表诗词作品，格律谨严，深受词界前辈的赞许。她又连续撰写鼓吹女子解放与宣传女子教育的文章，如《论提倡女学之宗旨》《敬告中国女同胞》，获得严复等人的欣赏。

21岁时，吕碧城在严复的推荐下，成为北洋女子师范学堂女校长。她不遗余力推广新式女子教育。邓颖超、刘清扬、许广平、郭隆真、周道如等中国杰出女性，都曾聆听过吕碧城的课。北洋女子师范学堂成为中国现代女性文明的发源地之一。秋瑾慕名前来拜访吕碧城，两人情同姊妹，成就了一段“双侠”传奇。

1912年，袁世凯当大总统。吕碧城任总统府机要秘书，后又担任参政一职。但是，袁世凯打算称帝，她觉得这是历史的倒退，便毅然辞官离京，移居上海，与外商合办贸易，把生意做得风生水起，在上海静安寺路自建洋房别墅，她的经济头脑让人敬佩。

吕碧城的诗词文章，手笔婉约，别见雄奇，在文坛很有影响。柳亚子称她“足以担当女诗人而无愧”；词学家龙榆生称誉她是“凤毛麟角之才女”，“近三百年来最后一位女词人”。

吕碧城一生酷爱孔雀，戴孔雀羽毛，以孔雀自比，友人题诗：“君看孔雀多文采，赢得东南独白飞。”吕碧城的才情与故事，一直为人所道。

85 黄宾虹、张翰飞、汪采白：新安三雄

人物档案：

黄宾虹（1865—1955）。歙县潭渡人。近现代著名学者，山水画一代宗师。著有《黄山画家源流考》《虹庐画谈》等。

张翰飞（1884—1939）。歙县定潭人。出身翰林院，新安画派著名画家。

汪采白（1887—1940）。歙县西溪人。一生著述极丰，卓越的美术教育家。

黄宾虹：近现代山水巨匠

黄宾虹画像

距棠樾牌坊群2000米的歙县潭渡村，有黄宾虹故居，为明清式建筑，砖木结构，保留着黄宾虹当年的生活情景。正屋楼房三楹，楼下为“宾虹草堂”会客厅，草堂厅右房门通“冰上鸿飞馆”，内有水池、花坛等。

黄宾虹出生在一个徽商家庭，父亲希望他考进士，他却喜欢画画。家乡有乱，他随父避乱到金华山，师从李灼先、李咏棠，学习之余，研习金石书画。

17岁那年，黄宾虹参加院试，成绩不错。可惜父亲的成昌钱号被人侵蚀，家境中落。34岁时，郡守以高材生推荐他进安庆敬敷书院学习，他拜访老画师郑雪湖，潜心研习书画，对汪士慎等人的作品尤其喜爱，终日临摹。

此后的岁月里，黄宾虹一面游历，一面探索绘画之道。技法上，他于李流芳、程邃以及髡残、弘仁等大家下过极深的工夫，对宋、元的名家也进行艺术汲取。在深入传统后，他不断探索自己的艺术风貌，用笔如作篆籀，遒劲有力，画风苍浑，意境深邃。他曾任中国美术家协会华东分会副主席，在北京、杭州等地美术

黄宾虹作品

学院任教。他以深厚的学养进行创作与著述，著有《陶玺文字合证》《古印概论》《古籀论证》《古文字释》《古画微》《虹庐画谈》《鉴古名画论》《黄山画家源流》《画法要旨》等，对后世影响巨大。

黄宾虹有着浓厚的家国意识。他青年时代曾经加入“黄社”“南社”，参与革命。七七事变后，70 多岁的黄宾虹留在北平，生活陷入困境。日伪政府想他出任北平美术馆馆长，他坚辞不就，并走入画室，挥笔画梅花一幅，题诗曰：“烟云富贵，铁石心肠。耐此岁寒，以扬国光。”1943 年，日本人要为他举办所谓的“庆寿大会”，他坚决不参加。

在他 90 岁诞辰时，华东文艺界为他举行祝寿会，称他为“中国人民的优秀画家”。同年 3 月，黄宾虹因病逝于杭州，葬于西湖南山公墓。逝世前，他嘱咐家属把自己一生历尽艰辛所存的书籍、字画、金石、拓本、碑帖以及自作书画、手稿等共一万多件全部捐献给国家。

黄宾虹是 20 世纪中国画坛上承前启后的大家。他深研传统，在取精用宏的基础上凝聚和升华，熔铸为自己的艺术个性。除了山水画创作，他在金石学、美术史学、诗学、文字学、古籍整理出版等领域都有卓越贡献。

张翰飞：博采众长成一家

2007年，由合肥市委宣传部等单位牵头评选“安徽百位文化名人”，在中国美术史上有影响的新安画派画家渐江、黄宾虹、张翰飞、汪采白当选，他们都是歙县人。其中，张翰飞为翰林院出身。

张翰飞照片

1907年，天下举人怀着科举之梦奔赴京城。因为宣布废止科举，举人们意见纷纷，朝廷决定举行优贡会考。

清晨的昌源河，流水哗哗地流着。几声鸟鸣，从晨霭中传出。歙县名儒张训臣与亲家吴恩绶一道，带着家人送别儿子张翰飞、女婿吴承仕赶赴京城，参加朝廷春闱科考。他们将走进保和殿，等待命运的裁决。

不久，消息传来：这一年科考共录取367人，女婿吴承仕考取第一名，儿子张翰飞考取一甲第20名。

此后，张翰飞进入翰林院，与一批满腹经纶的进士们共事。清闲的生活节奏、丰富的名家字画，开启了他新的人生。因为清王朝摇摇欲坠，张翰飞志在丹青。在翰林院，他见得最多的是清初画坛王时敏、王鉴、王翚、王原祁“四王”的作品。他们技法功力较深，对宋元各家各派有深入了解，画风崇尚摹古，缔造了一套体例完备的画格。张翰飞苦心临习，随后又将眼光转向艺术追求上与“四王”迥然不同的四位僧侣画家：朱耷、石涛、弘仁、髡残。

张翰飞住在宣武门外大街歙县会馆后院。它是北京最早的会馆之一，为徽州举子进京应试和宦绅在京候差求官者提供寓所，不仅是徽商集结之所，还是徽籍官僚、名人云集的地方。张翰飞在这里结识了天下英才，经常与陈师曾、王梦白、张大千、汪采白等一起论道。叶恭绰与张翰飞交谊深厚，他担任铁道部部长后，聘

张翰飞作品

任张翰飞为高级助理，策划了“铁展会”，影响深远。

1929年，民国首届美术大展在上海隆重举行，来自全国各地各界共505位画家参加这次大展，其中国画人士包括齐白石、黄宾虹、张大千等170位。在这次大展上，张翰飞的两幅国画作品荣获大赛最优奖，成为最耀眼的艺术家之一，名噪京沪。

张翰飞是中华书画研究会会员，学养深厚，画艺精湛。他的山水画，构图严谨，以娴熟的运笔或圈或点或勾，传神地表现出山石的质感和树木的品种，又借用石涛“大披麻皴”等山水技法和穷极变化的用墨，生动展现了“峰与皴合，皴自峰生”的美学观，别有一番安详质朴、清朗博大的面目。陈师曾、黄宾虹、汪采白、王梦白称赞他诗、书、画“三绝”。

张翰飞关心国家命运。早在五四运动时期，他就利用自己的关系和影响营救了一批被捕的爱国青年。抗战爆发，国土沦丧，百姓生灵涂炭，张翰飞忧心忡忡。郑孝胥邀请他去伪政府担任要职，他断然拒绝，回到家乡专心绘画，多描绘家乡的山川风物。

从张翰飞父亲、举人张训臣算起，至今这个家族已经是八代丹青。尤其是张翰飞、张君逸、张仲平祖孙三代，是承传有序的新安画派发展史上的重要画家。

汪采白："新安画派殿军"

汪采白照片

徽州素有"十姓九汪"之称。汪采白祖父汪宗沂是清光绪六年（1880）进士，拜帝师翁同龢为师，被曾国藩聘为忠义局编纂，后任李鸿章幕僚，主讲安庆敬敷书院、芜湖中江书院、徽州紫阳书院。徽州名流黄宾虹、许承尧等都出其门下。他一生著述极丰，有"江南大儒"之称。

他的外祖父章洪钧也是清末翰林。

汪采白 5 岁时，他父亲汪福熙在天津北洋大学堂任职，就把 5 岁的儿子汪采白交给了邻村谭渡村的黄宾虹。黄宾虹当时在家乡以授馆为业。后来，汪采白考入歙县崇一学堂，每周末仍返乡求教于黄宾虹，随后又拜叔父汪律本为师。汪律本是光绪举人，后接受西方教育，任教南京两江师范学堂（今南京大学），为同盟会会员，擅诗词书画。

21 岁时，汪采白入两江师范学堂国画手工科，拜叔父汪律本挚友、晚清著名书法家李瑞清为师。毕业后，汪采白先后担任武昌高等师范学校教授、北京师范学校教授、南京中央大学国画系主任、安徽省立第二中学校长、北平艺术专科学校教授。当时，他与黄宾虹、张翰飞等一道，将新安画派的绘画精神进行弘扬，三人被誉为"新安三雄"。

汪采白在技法上进行探索。他的山水画可分为两大风格，其中一路便是延续传统新安画派的枯笔淡墨之风，他经常研习新安前辈画家如渐江、查士标的作品，追求疏淡清逸。另一种风格是他自己探索追求的以青绿法表现黄山，高古清逸，风格独具，给当时的画坛注入了一股清新之气，被后世誉为"新安画派殿军"。

86 刘文典：安徽大学首任校长

人物档案：

刘文典（1889—1958），原名文聪，字叔雅，笔名刘天民，祖籍怀宁，出生于合肥。现代杰出的文史大师，校勘学大师，庄子研究专家。

刘文典照片

安庆北郊，龙山脚下，青山环抱中有刘文典墓园。每年都有不少学者前来瞻仰，缅怀刘文典求真的学术精神和刚正的学者风骨。

刘文典自幼入教会学校学习英语，1906年入芜湖安徽公学。他勤奋好学，思想先进，深受老师陈独秀、刘师培的赏识。1907年，他加入了同盟会。

民主革命思想影响了许多先进青年，刘文典就是其中的一位。1909年，他奔赴日本留学，就读于早稻田大学，期间积极参加革命活动，认识了章太炎等人。回国后，他同于右任、邵力子等在上海办《民立报》，宣传民主革命思想。

1913年，刘文典再次奔赴日本，担任孙中山秘书处秘书，从事反对袁世凯复辟的活动。后来，刘文典由陈独秀介绍到北京大学任教。五四期间，刘文典曾任《新青年》英文编辑，翻译了《近世思想中之科学精神》《叔本华自我意识说》等外国学术论著，为新文化运动贡献了力量。

1927年，八一南昌起义枪声响起。刘文典回到家乡安庆，出任安徽大学校长。第二年的一天晚上，安徽大学学生与隔壁安徽省立第一女子中学发生了冲

刘文典墓地

突。女中到省政府请愿，惊动了在这里视察的蒋介石，他要求处罚学生。刘文典认为学生处在不理性的年龄，处罚过重就是小题大做了，最后出言顶撞。此事随后传扬开来，大家非常认可刘文典“大学不是衙门”的名言，赞赏他的学者精神。

刘文典学贯中西，思想精深，通晓英、德、日等多国文字，是当之无愧的学术大师。1929 年，他担任清华大学中国文学系教授、主任，同时在北大兼课。教学工作外，他陆续校勘古籍，主要著作有《淮南鸿烈集解》《庄子补正》等。

《淮南子》也称《淮南鸿烈》，为西汉淮南王刘安及其门客苏非、李尚等著，是一部以道家思想为主，糅合了儒、法和阴阳五行等思想的重要的杂家著作，由于其深奥难懂，很少有人专门研究。刘文典从音韵、文字、训诂、版本等方面去研究，矢志不渝。1923 年，他的第一本专著《淮南鸿烈集解》由商务印书馆出版，胡适为之作序，这是近现代史上《淮南子》研究的代表作。

《庄子补正》出版时，著名学者陈寅恪作序：“然则先生此书之刊布，盖将一匡当世之学风，而示人以准则，岂供治庄子者必读而已哉？”可见刘文典对庄子研究的深度与权威。

刘文典研究领域广，并且有很多独到的见解。他是杰出的文史大师、校勘学大师和研究庄子的专家，在教育与学术上作出了巨大贡献。

87 萧龙士：开创江淮大写意

人物档案：

萧龙士（1889—1990），原名品一，字翰云，萧县人。先后任安徽美协名誉主席、安徽省书画院名誉院长。现当代杰出的书画家和美术教育家。

萧龙士照片

宿州萧龙士艺术馆内，陈列着萧龙士的书画作品，其纷披老辣的笔墨耐人寻味。萧龙士因年高艺精、德高望重，享有“诗书画三绝，德艺寿齐辉”的盛誉。

1889年的夏天，阳光炽烈，萧龙士出生于萧县一个殷实的家庭，取名萧品一。

萧品一祖父萧述福是个读书人，特别喜爱书画；父亲萧作霖则擅长木工，爱好雕刻，每次吃剩的桃核，他都会刻成一个工艺品。

萧县文化积淀深厚，素有“文献之邦”“文化大县”的美誉。耳濡目染的萧品一从小便酷爱书画艺术。9岁时，他入读私塾，课余时间，常常用纸蒙在课本上描绘插图，也喜爱画一些野花、飞鸟。

在祖父的教导下，萧品一发奋读书，勤加练习。1902年，14岁的萧品一自写春联：“云过琴书润，春来翰墨香。”从那时起，他便自号翰云了。

1904年春天，萧品一考入了县城高等小学堂读书。他跟随国画老师朱学骞学习。朱学骞老师是清末的秀才，特别擅长画蔬菜、水果。

在刘套小学当了一段时间美术教师后，25岁的萧品一考入江苏省立第七师范学校（滁州）讲习科，毕业后进入萧县师范任教。

1921年，33岁的萧品一与15岁的李可染相识了，两人志同道合，成了很

萧龙士作品《红荷双鹰图》

好的朋友。后来，李可染介绍他进入上海美专学习，萧品一因此有机会师从于潘天寿等名家，欣赏到了更多的徐渭、八大山人、石涛、吴昌硕和扬州八怪等大家的真迹。吴昌硕还在他的《雁来红》画上题曰：“人为多愁少年老，花本无愁老少年。翰云学弟画甚工，将有大成定无疑。”

从上海美专毕业后，萧品一回到家乡，与刘惠民、许彦达、范慈仁、刘光辉等一起吟诗作画，被誉为“桃园五友”。他称自己为龙城一士，名字便改叫萧龙士。他的名气越来越大，经常举办义卖，帮助动荡社会里的贫苦百姓。

1949 年秋，由李可染引介，萧龙士携《墨荷图》拜见齐白石，齐白石见后连声赞叹“妙哉”，于图题识曰：“龙士画荷，吾不如也，国有此人而不知，深以为耻，想先生不曾远游也。”1951 年，萧龙士正式拜齐白石为师。

萧龙士擅画花鸟，以兰、荷最为突出。他技艺精湛，画风儒雅酣畅，质朴淳厚。他一生粗茶淡饭，淡泊名利，执着于绘画，培养了许多弟子。除了儿子萧承霭、萧承震外，又有王少石、王守志、欧阳龙、薛志云，等等，形成了江淮大写意画派。

张恨水：章回小说大家

人物档案：

张恨水（1895—1967），原名张心远，安徽潜山人。现代文学史上的章回小说大家。代表作有《金粉世家》《啼笑因缘》等。

走进潜山余井镇黄岭村，远远便可见一座皖西南风格的民居矗立其中，青砖黑瓦，显得古朴典雅，这便是张恨水故居。故居为一层砖木结构，庭院式建筑，占

张恨水故居

地面积近 1000 平方米。

张恨水出生在一个小官吏家庭，这让酷爱文学的他得以阅读到大量的书籍。17 岁时，他创作了第一部长篇小说《南国相思谱》。

也是从《南国相思谱》开始，他便用起了“恨水”的笔名。1945 年，毛泽东赴重庆谈判，曾会见张恨水。据说，他们的谈话就是从笔名开始的。毛主席一见面就幽默地说：“张先生名震遐迩，‘恨水’二字尤值玩味，润之愿闻其详！”张恨水说：“惭愧，惭愧！我原名张心远，恨水是我笔名。取自南唐后主李煜《乌夜啼》中‘自是人生长恨水长东’之句，我断章取义取了‘恨水’二字，想以此自警，珍惜时光。”

1924 年，张恨水在报纸副刊上连载章回小说《春明外史》，这部长达 90 万字的作品在此后的 57 个月里，风靡北方，使张恨水一举成名。这一年到 1939

张恨水与家人

年，是张恨水的创作高峰期，他从《春明外史》起到《八十一梦》止，15年间写了60部章回小说，是一位多产作家。早期作品多为言情之作，到20世纪30年代，作品逐渐增强了社会性，并且他开始写作以抵御外侮为主旨的抗日小说。

张恨水是一位勤奋的作家。在重庆的8年，他创作了大量抗战作品，譬如《蜀道难》《游击队》《大江东去》《潜山血》《前线的安徽，安徽的前线》《虎贲万岁》《秦淮世家》《八十一梦》《魍魉世界》《水浒新传》《丹凤街》等，一共有800多万字。

张恨水有三绝。其一，他能够同时构思多部小说，一边打麻将，一边口述，不同秘书笔录不同小说，从未出现差错；其二，他写作不打草稿，常常是一挥而就；其三，他常常将诗词歌赋穿插于小说之中，为作品增色不少。张恨水正式发表的作品约有3000万字。1928年是张恨水写作最忙的时期。这一年，他竟同时有《春明外史》《春明新史》《金粉世家》《青春之花》《天上人间》《剑胆琴心》6部长篇小说在不同的报刊上连载，6部小说的人物、情节、进程各不相同，如此超群出众的写作才能，确非常人所能想象。

张恨水代表作《啼笑因缘》，再版20多次，先后6次拍成电影。大学者陈寅恪也喜爱张恨水的小说，早在西南联大之时，陈寅恪身染重疾，双目失明，请人借来张恨水的《水浒新传》，每日读给他听，这成了他病床上的唯一消遣。鲁迅的母亲也喜爱张恨水的小说，每逢有张恨水的新书出版，鲁迅一定要买回去送给老母亲看。

1967年，张恨水在北京逝世。天柱山脚下的潜山博物馆内西侧新建了张恨水墓园，坐北向南，占地6980平方米。墓园内设有陈列室、墓室、铜像、恨水亭等。

89 邓以蛰、朱光潜、宗白华：三大美学家

人物档案：

邓以蛰（1892—1973），字叔存，安徽怀宁（今安庆宜秀区）人。中国现代美学的奠基人之一。

朱光潜（1897—1986），字孟实，安徽桐城（今枞阳县麒麟镇）人。现当代著名美学家、文艺理论家、教育家、翻译家。

宗白华（1897—1986），字伯华，出生于安庆小南门。著名哲学家、美学家、诗人。

邓以蛰：学贯中西终大成

邓以蛰画像

20 世纪的中国，出现了邓以蛰、朱光潜、宗白华三大美学家，他们都是安庆人。三位虽然都同样是研究美学和文艺学的大家，但他们的学术主攻方向又各有侧重并互有差异。朱光潜在西方美学方面独领风骚，宗白华在中国古典美学方面开宗立派，邓以蛰在中国书画美学方面遨步学坛。

邓以蛰的美学方向与家学有很大关系。他是清代大书法家和篆刻家邓石如的五世孙，也是“两弹元勋”邓稼先的父亲。

邓以蛰将画史与画学、书史与书学紧密联系起来研究，对中国书画理论作现代性的学术研究，提出了中国书画历来就有着相当完整和系统的美学理论。

1907 年，他到日本学习，以文学博士学位毕业于早稻田大学，并且接触了西方文化。他在日本结识了同乡陈独秀，这对他接受新思想也有积极的影响。回

国后，他从事文化教育，1917 年赴美国入哥伦比亚大学。他是我国留学生到欧美系统学习的先行者之一。

1923 年回国后，邓以蛰曾在清华大学、北京大学、燕京大学、厦门大学任教授，与鲁迅有过交往，是新文化运动的拥护者和新艺术思想的传播者，经常在《晨报副刊》等刊物上发表文章。

邓以蛰的文集《艺术家的难关》，是一本提倡新文艺的著作，立足点是黑格尔美学，认为艺术是超出于自然的绝对境界、理想境界的表现，强调艺术要鼓励鞭策人类的感情。同时，他又倡导艺术对社会人生的作用，倡导民众的艺术。在这本著作中，他还论述了艺术与情感的关系，诗、音乐、造型艺术、戏剧的区别等。

邓以蛰对书法也有研究，并且具有开创性的地位。他在《书法之欣赏》中提出，中国的书法不仅是美术的一种，也是性灵的自由表现。

朱光潜：美学大师，人文楷模

朱光潜从小接受严格的私塾教育，熟读古文及唐诗宋词，这奠定了他的古典文学基础。后来，他进入武昌高等师范学校中文系学习。不久朱光潜考取了北洋政府教育部派送生资格，在香港大学就读，期间受胡适影响，他改写白话文，用白话文发表处女作《无言之美》。

朱光潜照片

1925 年，朱光潜考取公费留英，在爱丁堡大学选修英国文学、哲学、心理学、欧洲古代史和艺术史等，后又于法国斯特拉斯堡大学获得博士学位，同时完成著作《悲剧心理学》。

回国后，朱光潜担任北京大学教授，曾与沈从文、周作人、林徽因等人组成编委会，筹办《文学杂志》，朱光潜任主编。抗日战争期间，朱光潜任四川大学文学院院长，后又回到武汉大学任教。

朱光潜视野开阔，对中西文化都有很高的造诣。他对中国文化作了深入研究，对西方美学思想作了介绍和评论，融贯中西，创造了自己的美学理论，在我国美学教学和研究领域作出了开拓性贡献，是我国近代继王国维后的一代美学宗师，享有很高的国际声誉。

朱光潜编著有《文艺心理学》《悲剧心理学》《谈美》《诗论》《谈文学》《西方美学史》等。他主张的美既不单指物也不单指心，既不是单纯的客观也不是单纯的主观，而是主客观的相统一。

1986 年 3 月，朱光潜在北京病逝。桐城中学西隅有朱光潜故居。

宗白华：艺术人生尽芳华

1897 年，宗白华出生于安庆市小南门，8 岁随父亲到南京读小学。

宗白华照片

1918 年，他毕业于同济大学语言科，1919 年，积极投身于新文化运动。他将哲学、美学和新文艺的新鲜血液注入《学灯》，使之成为五四四大著名副刊之一。

后来，宗白华留学德国，先后在法兰克福、柏林大学学习哲学和美学，回国后任中央大学哲学系教授。宗白华毕生治学研艺，精通中西美学和各门艺术理

宗白华全集（1—4 卷）

论，是深得中国古典美学精魂的美学家，在古典与现代、中国与西方、美学理论与艺术实践融通的基础上做出了重要的探索和积淀。

宗白华以艺术家的态度感受着世间万物，并用行云流水般的文字将其形诸笔端，生动地写就了一部在艺术中遨游的精灵之作《美学散步》。这部书是他生前的唯一一部美学著作，几乎汇集了其一生最精要的美学篇章，词句典雅而充满诗意。他用自己的感情、思维、心中的美引领读者发现美的踪迹，去体会那些中西方伟大艺术家及风流潇洒之人的心灵，让读者忘掉自我，情思随文字起伏波动，再把美如实、深入地投射到内心深处，溶在自然的形象里，呈现出生命的雅致，达到“漱涤万物，牢笼百态”，待得我们“散步”归来，就会发觉自己的心灵得到了升华与净化。

宗白华把中国体验美学推向了极致，被誉为“融贯中西艺术理论的一代美学大师”。

90 苏雪林：文坛“常青树”

人物档案：

苏雪林（1897—1999），原名苏小梅，字雪林，安徽太平县（今黄山市黄山区）人。她笔耕不辍，被喻为文坛常青树。1928年创作第一部作品《绿天》。

黄山太平区青山环抱间的苏村，黛瓦粉墙，小桥流水。这里有飞檐翘阁的苏氏宗祠，有古朴的海宁学舍，许多人前来探寻，寻找著名作家苏雪林留下的文学气息。

苏雪林照片

苏雪林7岁开始才在祖父衙署的私塾里跟读，背诵《三字经》《千字文》《女四书》《幼学琼林》。后来，男孩们都去新式学校读书了，因为祖母深信“女子无才便是德”，她不得相随，只得辍学。

她喜爱看书，在家里将《三国演义》等通俗小说当作课本自学。每年寒暑假，家族里的男孩子回家都要带高中、大学图书和流行的报刊，苏雪林便借机阅读起来。这一段苦读岁月，为她后来的创作及研究打下了坚实的文化基础。

1914年，苏雪林随父迁居当时的省会安庆，当地有基督教办的小学。她的一位叔叔曾留学日本，思想比较开明，劝说她父亲让她读书。爱学习的苏雪林终于可以读书了。不久，省立初级女子师范登报恢复招生，苏雪林通过无数眼泪、哭泣、哀求、吵闹，终于说服了祖母和乡里的顽固长辈，与堂妹一同投考，顺利考

苏雪林的故乡

上了。

1919 年，苏雪林从省立初级女子师范毕业后留在母校附小教书。她的内心向往更大的舞台，便报考了北京女子高等师范学校国文系，受教于胡适、鲁迅、李大钊、周作人、陈衡哲等知名教授。同学中有庐隐、冯沅君、石评梅等追求女性解放的才女。在师友的影响下，她的思想发生了很大变化。

1921 年秋，她前往法国留学，学习西方文学、绘画艺术等。1925 年，苏雪林回国。3 年后，北新书局出版了苏雪林创作的第一部作品《绿天》。苏雪林将该书送给了鲁迅，今天鲁迅博物馆收藏有这部书。

苏雪林对鲁迅的认识分为两个阶段。早期，她给予鲁迅很高的评价，称他是“中国最早、最成功的乡土文艺家，能与世界名著分庭抗礼”。后来她出版《与蔡孑民先生论鲁迅书》，拉开了她半生“反鲁”的序幕，成为文坛的一个话题。

苏雪林另外一个半生的事业，是研究屈原。从 1943 年写《天问整理的初步》开始，到 1973 年出版《屈赋新探》，历时 30 余年，苏雪林写作六七十篇文章，成为“屈赋研究”系列。

1999 年春天，苏雪林走完了她的人生历程，给世人留下了丰厚的精神财富。

91 林散之：当代书法草圣

人物档案：

林散之（1898—1989），名霖，字散之，号三痴、左耳等，和县乌江镇人。著名书法家，尤擅草书，被誉为“当代草圣”。

林散之艺术馆坐落在马鞍山市采石风景名胜区万竹坞，与太白楼相邻。艺术馆分为主展厅、副展厅、书画学术厅和墓园四个部分，占地总面积3800平方米，其中主展厅名“江上草堂”，陈列林散之诗、书、画精品100多幅。

林散之3岁开始喜欢画画，6岁入私塾读书，此后用7年时间，学完《百家姓》《千字文》及《左传》《古文观止》《诗经》《毛诗》《唐诗》等，同时作诗、习字。他从描红入手，继临颜、柳名帖，12岁已能为邻居写春联。

父亲林成璋病故后，林散之被接到和县外婆家，跟从陈姓廪生读书。因为喜爱书画，林散之随后到南京师从张青甫。画画之余，喜欢写诗，诗句格调清雅。

1915年，林散之在和县姐丈家教书，并从张栗庵学诗、文辞及书法，这为他的艺术创作打下了扎实的基础。他看到黄宾虹绘画后，被深深吸引，便辞去教职，到上海拜黄宾虹为师，协助他编纂《画史编年表》。

林散之照片

1956年，林散之出任江浦县副县长，随后当选为江苏省政协委员。但他始终钟爱书画，一直创作不息。有人说，林散之属于大器晚成

林散之书法作品

的艺术家，过去的几十年为他积淀了深厚的学养。

1973年，《人民中国》杂志第一期刊出林散之《清平乐·会昌》草书条幅，震动海内外书坛。尤其是日本书道界，当年访华团体来中国，都以能拜会林散之为荣，对其书推崇备至。赵朴初、启功等称林散之诗、书、画“当代三绝”，林散之草书被称为“林体”，人们称他为“当代草圣”。

林散之书法风格鲜明。他谋求诸家草法的融合，尤其是将怀素与王铎两家草法加以变通。他对王铎草书有深刻的认识，认为王铎草书承继“二王”、怀素，并合以米芾笔法，精熟至极，奇巧至极，真可谓出神入化，无以复加。

1989年，林散之因病逝世，初葬于采石镇的小九华山采石矶。1996年底，墓被迁入林散之艺术馆。

92 蒋光慈：革命文学先驱

人物档案：

蒋光慈（1901—1931），原名蒋如恒（儒恒），又名蒋光赤、蒋侠生，号侠僧，霍邱县白大村（今金寨县光慈村）人。中国无产阶级革命文学先驱。

2016年，习近平总书记在金寨县革命博物馆参观时说道：“我的父亲当时也是受了蒋光慈作品的影响走上革命道路的。剥削制度要推翻，就是读了他的小说才认识到的。”

蒋光慈照片

这里所说的“作品”指的是蒋光慈所著的《少年漂泊者》。实际上不仅仅是这本书，蒋光慈的多部作品都是其作为无产阶级革命文学作家的精华之作，革命、爱情、理想是其作品的主要元素，撞开了当时中国青年的心扉。而《新梦》《少年漂泊者》和《咆哮了的土地》，则是他短暂创作生涯中的三座高峰，至今仍耸立于中国新文史的碑林。

蒋光慈出身贫苦，从小养成了疾恶如仇、磊落光明的品格。同时，自学成才、爱好诗文的父亲，又培养了他对文学的爱好。据记载，蒋光慈在12岁时就能吟诗作赋，小学时得到豫东南革命根据地党和红军的创始人之一的詹谷堂的引导帮助，为他以后走上革命道路打下了思想基础。

1917年，蒋光慈到芜湖省立第五中学读书。该校前身是清朝末年的皖江中学，章士钊、柏文蔚、苏曼殊等先驱名流都曾在此任教，胡适也曾到该校讲课，《新青年》等进步刊物在学生中广为流传，对蒋光慈产生了深远影响。

蒋光慈旧居所在地

1920年，蒋光慈经组织联系介绍到了上海外国语学校读书。其间，他和刘少奇、任弼时、吴葆萼等加入了社会主义青年团。次年夏，根据组织上的安排，他和刘少奇等十几位同学一道，踏上了赴苏留学的旅程。同年秋到达莫斯科，进入东方大学中国班学习。蒋光慈在留学期间，在极端困难的条件下，一边坚持学习，一边勤奋写作、翻译，写下了许多讴歌十月革命和中国革命的诗作。

结束4年留苏生活后，蒋光慈回国到上海大学任教，一边教书，一边从事革命文学的倡导和创作。这期间，他发起成立"太阳社"，参与筹建中国左翼作家联盟，与同是安徽老乡的阿英、田间成了挚友。他发表文章，论述无产阶级文学产生的必然性，旗帜鲜明地提出建设无产阶级文学的主张。同时，他还创作了大量革命文学作品，先后创作出版了诗集《新梦》《哀中国》，短篇小说集《鸭绿江上》、中篇小说《少年漂泊者》《短裤党》等。这些作品出版后风靡一时，给当时许许多多在探索中的青年以巨大影响。

蒋光慈是无产阶级文学的拓荒者，他把自己毕生的精力全都献给了革命文学事业，他是"东方的歌者""时代的战士"。他在短暂的一生中，在漂泊的6年时间里，就出版了3部诗歌集、8部中长篇小说、1部短篇小说集、2部散文集、1部论文集和3部译著，总计达150余万字。

这位极有才华的革命文学青年，病逝于1931年，年仅30岁，但留下了不朽的精神财富。

93 韦素园、台静农、李霁野、韦丛芜：未名四杰

人物档案：

韦素园（1902—1932），又名漱园，安徽霍邱（今六安市叶集区）人。未名社成员，现代著名翻译家、作家。

台静农（1903—1990），本姓澹台，字伯简，原名传严，安徽霍邱（今六安市叶集区）人。未名社成员，著名作家、文学评论家。

李霁野（1904—1997），安徽霍邱（今六安市叶集区）人。未名社成员，现代著名翻译家、作家。

韦丛芜（1905—1978），原名韦崇武，又名韦立人、韦若愚，安徽霍邱（今六安市叶集区）人。未名社成员，翻译家、作家。

叶集为古蓼国地，春秋时鲁文公五年（前622），楚灭蓼，置楚蓼邑。后增置鸡父邑，叶集附近为鸡父邑治。隋以后，叶集在行政上属霍邱县。明弘治至万历年间，有叶姓商人定居于此，逐渐形成集镇，初名叶家店。

韦素园画像

叶集历史上，曾诞生过与鲁迅先生一起创办“未名社”的韦素园、台静农、李霁野、韦丛芜等“未名四杰”。

1925年8月，在鲁迅倡导下，文学社团“未名社”在北京成立，并编辑出版了《莽原》《未名》半月刊。未名社成立时成员有鲁迅、曹靖华、韦素园、韦丛芜、台静农。不久，鲁迅

到厦门任教，曹靖华去苏联留学，韦素园等四人成了未名社的实际骨干。

韦素园出生于小商人家庭，自幼聪明，8 岁入私塾，11 岁进霍邱县立小学读书。在同学中，他略显沉闷，总爱咬指甲，凝视上空，但声音洪亮，语速缓慢，颇有主见。当时辛亥革命虽已过去几年，不少人还留着辫子，在韦素园的倡议下，同学们剪了辫子，引起震惊。韦素园就学的地方有个旧火神庙，庙宇的一部分变成了教室，但原有的泥塑火神像、文昌老君像仍在，每年还有乡人去进香，韦素园积极参加推倒泥塑活动，引起了一部分迷信乡民捣毁学校的大风波。

1915 年秋，韦素园考入阜阳安徽第三师范学校读书，后来又到长沙政法学校读书。1921 年，韦素园到上海的外国语学校补习俄语，并加入中国社会主义青年团，后进入莫斯科东方劳动者共产主义大学学习政治经济学。他精通俄语，对俄文原著总是从头至尾地阅读。回国后，他帮助李霁野译校《往星中》，自己选译了梭罗古勃的《蛇睛集》。1925 年，经李霁野介绍，韦素园去拜访鲁迅，经鲁迅推荐，他在北京担任《民报》副刊编辑，次年创办《莽原》半月刊。他不但看稿、编稿，自己还译完了果戈理的《外套》，经常笔耕至深夜。韦素园终因劳累过度，肺结核恶化，一病不起，英年早逝。

台静农画像

台静农自幼读经史、习书法，中学毕业后入北京大学国文系旁听，后于北京大学研究所国学门肄业。1925 年，他结识鲁迅，两人友谊深厚。1927 年后，他任教于辅仁大学、厦门大学、山东大学及齐鲁大学等。抗日战争爆发后，台静农一家迁往四川，并任职于国立编译馆。后来，应时任台湾省编译馆馆长许寿裳的邀请，台静农到该馆任职，后又随许寿裳转至台湾大学中文系任教，是台湾出版的《中文大学典》编纂人之一。

台静农治学严谨，在文学、艺术、经史等多种领域都有很深的研究。他以人格耿介、文章书画技艺高而出名。创作上，他以短篇小说为主，兼写诗歌、散文，多载《莽原》半月刊、《未名》半月刊等刊物，后集为短篇小说集《地之子》《建塔者》出版。他编有《关于鲁迅及其著作》一册，1926 年由北京未名社出版，是最早的鲁迅研究资料专集。

台静农善于从民间取材，通过日常生活和平凡事件揭露社会的黑暗，笔调简练、朴实而略带粗犷，带有浓厚的地方色彩，是 20 世纪 20 年代乡土文学的代表作家。

1919 年五四运动爆发时，李霁野正就读于阜阳安徽第三师范学校。在校期间，他便开始接触共产主义思想，阅读了《共产党宣言》《新青年》《少年中国》等进步书刊，视野非常开阔。

李霁野以文学来表达自己的抱负与情怀，1922 年开始发表作品。他出版的作品有小说集《影》《不幸的一群》、散文集《忙里偷闲》《回忆鲁迅先生》《给少男少女》《意大利访问记》等，他还译著了《被侮辱与被损害的人》《简·爱》等名著。

李霁野画像

1925 年，李霁野向友人王鲁彦学习世界语，并通过这一机缘与鲁迅结识。鲁迅很欣赏他的才华，资助他进入燕京大学学习。李霁野成了鲁迅的学生和战友，参加了未名社。他曾任河北女子师范学院、辅仁大学、台湾大学教授，还担任过南开大学外语系主任、天津市文联主席。

李霁野的最大贡献在翻译事业。从他 1926 年翻译的第一部俄罗

韦丛芜画像

斯文学名著《往星中》开始，在长达半个多世纪的翻译生涯中，他翻译了大量的世界文学名著。尤其是1951年至1982年，他主持南开外语学科期间，他以学术思想、人格魅力影响和团结了一大批著名翻译家，涌现出高殿森、李宜燮、周基堃、金堤、臧传真等名家，是公认的“南开翻译学派”第二代核心人物。

韦丛芜是韦素园的弟弟。他从阜阳安徽第三师范学校毕业后，前往安庆，与李霁野合办《评议报》的《微光周刊》和《皖报》的《微光副刊》，宣传新文化。

1923年，韦丛芜随三兄韦素园去北京。他进入北京崇实中学学习，开始翻译陀思妥耶夫斯基的《穷人》，从此走上了翻译之路。

1925年，韦丛芜认识了鲁迅，非常景仰鲁迅的文学创作与研究，经常去北京大学旁听鲁迅讲授中国小说史。也是在这一年，他考入了燕京大学。“未名社”成立后，他是成员，主编了《燕大月刊》，创办了《莽原》半月刊。

大学毕业后，韦丛芜到上海从事翻译工作。他一直牢记着鲁迅先生对他的嘱托和希望：“以后要专译陀思妥耶夫斯基，最好能把全集翻译完。”他把这当作自己一生中最有意义的一件事情。在贫困衰老的晚年，他依旧每天从早上工作到深夜，一方面校改原来的译作，一方面继续翻译陀思妥耶夫斯基的其他作品，终于完成了浩大的陀思妥耶夫斯基小说全集的翻译工作，共24部近300万字。

韦丛芜在翻译的同时，还进行创作，留下了丰厚的成果。

94 刘开渠：现代雕塑事业奠基人

人物档案：

刘开渠（1904—1993），原名刘大田，安徽萧县人。著名雕塑家。主持人民英雄纪念碑浮雕等创作工作，并创作《胜利渡长江解放全中国》及《支援前线》《欢迎解放军》等浮雕。

淮北市相山公园内有刘开渠纪念馆，依南低北高的山势而建，为长方形院落，有展厅和院落，绿草红花点缀其间。后院是刘开渠陵园，青松翠柏环抱着开渠大师的墓石。半圆形墓碑石上，镌刻着赵朴初题写的“人民艺术家雕塑宗师刘开渠之墓”的金字。

刘开渠照片

1904年，刘开渠出生在萧县。萧县是国画之乡，这影响了刘开渠，使他对美术的兴趣日渐浓厚。1920年，他考入了北京美术专科学校，后转入大学部学习油画。随后，他对雕塑艺术产生浓厚的兴趣，也因此走上雕塑艺术之路。

1928年，刘开渠进入巴黎高等美术学校雕塑系学习，导师是当时法国著名雕塑家让·朴舍教授。留学生活开阔了他的艺术视野，他发起组织中国留法艺术研究会，介绍欧洲绘画和雕塑。当时，中国现代雕塑基本上处于空白，他希望发展民族的雕塑事业。

1933年夏，刘开渠回国任杭州艺术专科学校教授兼雕塑系主任。第二年，他创作了《一·二八淞沪抗战阵亡将士纪念碑》，是我国第一座表现抗日题材的纪念碑。随后，因为日本人的入侵，平静的校园受到冲击，他随学校四处搬迁，并以艺术开展抗日救亡宣传，创作了《川军抗日英雄纪念像》《孙中山先生坐像》

刘开渠雕塑作品《齐白石》

等作品。

1945 年，抗日战争结束。刘开渠创作了大型浮雕《农工之家》，这是我国现代雕塑史上第一次表现农工题材的优秀作品。

1951 年，刘开渠任中央美术学院华东分院院长。在这一年，人民英雄纪念碑浮雕是新中国最重要的美术工程项目之一，整个纪念碑的碑额花纹浮雕、台座正面的三块主题浮雕《胜利渡长江解放全中国》《欢迎解放军》《支援前线》和碑身毛泽东主席题写的“人民英雄永垂不朽”、周恩来总理撰写的碑文放大、设计、制作等都出自他手。他创作的人民英雄纪念碑浮雕是为争取胜利的中国人民和战士立碑，碑上的每个人物都是高度凝练的艺术化、理想化的形象，不突出个性，而反映共性：农民和工人的质朴，妇女和儿童的可爱，老人的稳重慈祥。

他还创作了一批表现人物庄严气质和突出个性的领袖作品，如《毛泽东选集》以及《马克思恩格斯选（全）集》《列宁选集》《斯大林选集》封面上所使用的领袖浮雕肖像。

中国现代雕塑史从一片空白到有人书写，刘开渠以扎实的创作推动了中国现代雕塑史的前进，不愧为中国现代雕塑大师，杰出的艺术教育家。

95 吴玉如、吴组缃、吴作人：茂林三吴

人物档案：

吴玉如（1898—1982），字家琭，泾县茂林人。当代著名学者、书法家。

吴组缃（1908—1994），原名吴祖襄，字仲华，泾县茂林人。小说家，散文家，古典文学研究家，代表作有《一千八百担》。

吴作人（1908—1997），泾县茂林人。著名画家，曾任中央美术学院院长、中国美协主席。

吴玉如：沉浸在学术里的书法家

吴玉如照片

茂林位居泾县西南，历来文风昌盛，历史上出了进士 12 人，涌现了吏部尚书吴芳培、江南河道总督潘锡恩、教育家吴则虞、民革中央副主席吴茂荪、经济学家吴祖光、原财政部部长吴波等一批名流。艺术上有书法家吴玉如、文学家吴祖缃、著名画家吴作人，人称“茂林三吴”。

吴玉如中学在天津南开中学就读，与周恩来同班。当时南开中学校长张伯苓办学开明，鼓励学生文艺、体育发展。周恩来是学校文艺骨干，吴玉如因古文娴熟，擅长书法而出名。

抗战胜利后，吴玉如曾在达仁学院、工商学院等校任教。后来，工商学院改为津沽大学后，吴玉如担任中文系主任，他沉浸在学术世界里，注释古籍，参与编撰《辞源》条目。

吴玉如5岁时开始学习书法，到十二三岁时，写小楷、行书已具有相当功力。后经几十年博览勤习专研，吴玉如能融合诸家风格，取唐、宋、元、清各朝名家之长，而又以“二王”为依归，形成了他端丽秀劲、遒健豪放、空灵飘逸的独特书风。

吴玉如书艺全面，隶、楷、行、草、篆无不精能。他写的小楷，放大后可作为大字帖临摹，可见功力精湛。他在用纸、用笔、用墨方面，都有自己的习惯和见解。他早年喜用生宣、料半，中年以后只用绵连；他善使细管长锋羊毫笔，用淡墨书写。

吴玉如在古文、诗词、文字等方面，也有很深的造诣，曾任天津市文史馆馆员、中国书法家协会名誉理事。

吴玉如爱与文艺名流交往，尤其是与张大千等友谊深厚。他生前多次在国内和日本举办个人书法展览会，受到国内外的推重、赞赏，并有《吴玉如书法集》《迂叟魏书千字文》《迂叟自书诗稿》《吴玉如行书千字文》等传世。

吴组缃：才华横溢笔生花

吴组缃照片

吴组缃小时候在家乡的私塾和父亲创办的育英小学就读。13岁时，他便离开家乡，先后在宣城、芜湖、上海等地上中学。中学期间，吴组缃找到了发挥其文学才能的舞台。在芜湖五中念书时，他不仅负责编辑学生会创办的文艺周刊《赭山》，还在《皖江日报》发表诗文。

1929年秋季，吴组缃考入清华大学经济系，但对文学的偏好始终没有改变，一年后便转入中文系。在清华大学研读文学时，吴组缃结识了林庚、李长之、季羡林，人称“清华四剑客”。这时期也是吴组缃创作的高峰期，相继出版了小说《官官的补品》《一千八百担》《天下太平》《樊家铺》等。

吴组缃很有个性。他碰到了一个同样有个性的老师刘文典。据说，1935年，吴组缃选读了国学大师刘文典的六朝文学课，在学期论文中他骂六朝文学为娼妓文学，惹怒了刘文典教授，结果论文不及格。刘教授表示他改变观点便把成绩改过来，但倔强的吴组缃坚持己见。这样，吴组缃的一门课程不及格，失去了获得奖学金的资格。没了奖学金，吴组缃也无法再继续学业了，经人介绍到了南京的中央研究院任职。

没多久，吴组缃听闻冯玉祥在招聘国文教员，便欣然应聘。吴组缃担任冯玉祥国文老师时只有27岁，冯玉祥当时已经53岁，但冯玉祥尊师重教、思想先进，两人相处融洽。

吴组缃笔耕不辍，宣传抗战等积极思想。1936年，他与欧阳山、张天翼等创办《小说家》杂志。他的小说、散文大多取材于家乡，《官官的补品》《箓竹山房》《一千八百担》《天下太平》等短篇小说，反映泾县茂林一带农村经济破产、民不聊生的现实，写得十分传神。他善于用大众化和通俗化的语言去表达，读起来令人倍感亲切。

他在担任清华大学、北京大学教授期间，醉心于古典文学，特别是对明清小说的研究，并担任了《红楼梦》研究会会长等职务。

吴作人：领军美术界

吴作人4岁时，他父亲就去世了，靠哥哥当职员维持全家生活。为此，他很早就懂得生活的艰辛，也懂得努力学习。1921年，他就读于苏州工业专科学校附属中学。因为热爱美术，他与同学组织美术组，并且参加反

吴作人照片

吴作人作品

帝爱国学生运动，用自己的笔去画画，呼唤人们热爱自己的国家。

1926年，吴作人考入苏州工业专科学校建筑系，后来进入上海艺术大学、南国艺术学院美术系及南京中央大学艺术系学习。幸运的是，他遇到了徐悲鸿。

据说徐悲鸿从法国回到上海不久，田汉邀请他做上海艺大的校董，并相约要把上海艺大办成现实主义艺术教育的一块阵地。这天，徐悲鸿在田汉的陪同下来到上海艺大美术科一年级教室。当走到一张素描前时，他被吸引了，问："这张画是谁画的？"没人回答。

徐悲鸿看了看画，又大声问："谁叫吴作人？"一个满脸稚气的青年人从人群中羞涩地探出了头："是我，我是吴作人。"当时吴作人还不到20岁。徐悲鸿当众表扬吴作人画得好，还把自己的住址告诉吴作人，告诉他可以随时到家里来做客。

从此，吴作人格外努力，素描、油画、国画都攻习。1930年，他赴欧洲，先入巴黎高等美术学校，后考入比利时布鲁塞尔皇家美术学院白思天院长画室学习。他先后获金奖和桂冠生荣誉。回国后，吴作人在中央大学艺术系任教。

吴作人笔下不仅有风景，有人物，而且出现了骆驼等古人很少入画，牦牛、熊猫、黑天鹅等前人没有接触的题材，给画坛带来了一股刚劲、质朴的新鲜空气。

吴作人不仅是美术家和美术教育家，而且是一位造诣极高的书法家。1984年，法国政府文化部授予他"艺术与文学最高勋章"。他曾任中央美术学院院长、中国美术家协会主席。

茂林三吴纪念馆

茂林有“三吴纪念馆”，占地 2640 平方米，分序厅、吴作人厅、吴组缃厅、吴玉如厅和印象茂林 5 个展厅。

96 张曙：革命音乐家

人物档案：

张曙（1908—1938），原名张恩袭，别号绍袭，安徽歙县人。优秀作曲家、革命音乐家和歌唱家。他在短暂的一生中，创作歌曲300余首，代表作有《还我山河》《洪波曲》《日落西山》等。

在歙县长大的张曙受家乡徽戏熏陶，从小耳濡目染。他到8岁时，已是吹、拉、弹、唱、演样样在行，表现出了极高的音乐天赋。

1926年至1928年，张曙先后考入上海艺术大学音乐系和上海国立音乐学院

张曙塑像

声乐系，学习大提琴、钢琴、琵琶和作曲，全方位地在音乐的各个领域学习，精益求精。后来他加入了田汉领导的“南国社”，用音乐作为武器，在血与火的锤炼中，成为中国“文化战线上的一员猛将”。

1933年，张曙与聂耳、任光等组织了左翼音乐团体“苏联之友社”音乐小组，研究探讨中国歌曲创作的发展道路，并积极投身革命音乐活动。

在湖南长沙明德中学任教期间，张曙组织了“紫东艺社”，并和特务把持的“青春社”和“大时代社”展开了激烈的斗争。1937年，抗日战争全面爆发，他不遗余力地创作了诸多抗战歌曲。

当田汉创作话剧《卢沟桥》时，张曙应邀赶写插曲。其中《卢沟问答》选用民间小戏《小放牛》，借用两人对歌对舞的表演形式，成为人人爱唱的抗战歌曲。1937年12月，他携妻女自上海返回长沙，途中应邀为田汉话剧新作《最后的胜利》谱写插曲。他采用民间山歌音调写下插曲《日落西山》，成为当时著名的抗战抒情歌曲，很快流传全国。

后来，张曙在周恩来、郭沫若的领导下赴武昌，开展群众歌咏活动。台儿庄大战胜利后，为提高前线士气，提高全国人民的胜利信心，田汉写下歌词《洪波曲》《胜利的开始》《保家乡》，分别委托张曙等谱曲。为了便于流传，张曙把《洪波曲》谱成大众化的进行曲，作品浑厚有力，真挚感人。

为了继续坚持抗日救亡音乐活动，1938年12月，张曙前往桂林，遇到日寇飞机轰炸，不幸遇难。

1940年，重庆文化界为他举行了追悼会，周恩来在讲话中说：“张曙先生之可贵在于和聂耳同为文化战线上的两员猛将，给全民的抗战起了很大的推动作用，代表大家发出了怒吼，代表大众发出了要求团结的呼声，这功绩是永远永远不会磨灭的。”

97 舒绣文：著名电影表演艺术家

人物档案：

舒绣文（1915—1969），学名舒彩云，曾用名许飞琼，原籍黟县，生于安庆。著名的戏剧、电影表演艺术家，我国第一位女配音演员。主演了《女儿经》《夜来香》《热血忠魂》《一江春水向东流》等影片。

舒绣文照片

黟县城东4000米处有一村子，村庄北面有一座山，其状恰如屏风，故而得名屏山村。这里人才辈出，村内祠堂、民居气势非凡，还有著名电影表演艺术家舒绣文故居，名为黍谷庭，现已辟为陈列馆，展出关于舒绣文的许多珍贵资料。

清光绪三十年（1904），舒绣文祖父舒斯笏考中进士，担任过陕西省巡按使秘书、安徽省署咨议。到舒绣文父亲舒子胄时，家道中落，靠教书为生。

热爱艺术表演的舒绣文12岁时开始在学校演出登台。16岁时，舒绣文只身远赴上海谋生。她凭着一口标准的国语，进入了上海“天一影业公司”任国语教员。后来，她又先后在集美歌舞剧社和五月花剧社、春秋剧社任话剧演员，开始歌舞表演艺术生涯，并被左翼剧联接纳为会员。

1932年起，舒绣文先后在艺华影业公司、明星影片公司任电影演员，主演了《女儿经》《夜来香》《热血忠魂》等影片。1937年七七事变后，上海不安全，舒绣文辗转至武汉、重庆。她喜爱表演事业，主演了《保卫我们的土地》《好丈夫》《塞上风云》等影片；还分别主演了《棠棣之花》《虎符》《天国春秋》等舞台剧，并享有当时“四大名旦”之一的盛誉。

活跃在荧幕上的舒绣文凭着对角色的揣摩、认真的态度、过硬的演技收获了一片赞誉。她戏路宽阔，艺术造诣深厚，表演洒脱自如，感情充沛，韵味隽永，是一位有口皆碑的性格型演员。

舒绣文家乡屏山

抗日战争胜利后，她回到上海，先后主演了《裙带风》《弱者，你的名字是女人》等影片，尤以在上海昆仑影业公司所拍摄的影片《一江春水向东流》中的表演成为她演艺事业的高峰。1948 年，为免遭国民党反动当局迫害，她被党组织安排转移到香港避难。

中华人民共和国成立后，她从香港回到上海，主演了电影《女司机》和《一场风波》，参加了《李时珍》的拍摄，并为《乡村女教师》《阴谋》《无罪的人》《母亲》《安娜·卡列尼娜》等外国影片进行配音。值得一提的是，著名动画片《小猫钓鱼》中的“猫妈妈”也是由她配音的，让孩子们喜爱不已。

1957 年后，舒绣文塑造了《骆驼祥子》中的虎妞、《关汉卿》中的珠帘秀、《伊索》中的克丽娅等鲜明形象，因此被中国电影表演艺术学会评为“中国电影百位优秀演员”。

98 鲁彦周：为文坛塑“天云山”

人物档案：

鲁彦周（1928—2006），安徽巢县（今巢湖）人。著名作家。独幕话剧《归来》获1956年全国话剧汇演剧本一等奖，代表作有《天云山传奇》。

2018年，合肥鲁彦周纪念馆开馆。这里展示了鲁彦周对文学的追求历程和创作成果。

鲁彦周出生在巢湖鲁集村一个农民家庭。由于家里太穷，他很小就跟随父母种地、放牛。困难的年份，他们还逃过荒。他喜爱读书，父母便咬紧牙关供他上学。从8岁开始，他在私塾一直念到15岁。这期间，他最大的兴趣就是看书，《西厢记》《左传》《三国演义》《水浒传》，只要能找到、能借到，他都看得津津有味。

柘皋镇离家很近，是千年古镇，尤其是清朝时很繁华。鲁彦周常去柘皋，因为镇上有两家小书店，其中一家是他的亲戚开的，这给了他许多便利，可以不用花钱而把书看完。

1947年，鲁彦周开始写旧体诗。他用“夜舟”的笔名在芜湖的《工商报》上发表了旧体诗，其中有一首写道：“空气凉如水，晴云薄似纱。欣看天地外，秋意说黄花。”

鲁彦周照片

1950年，鲁彦周开始创作小说。他的第一部小说《丹凤》，是用毛笔一个

合肥鲁彦周纪念馆内景

字一个字写成的，共有 30 万字。写好后他投给《小说月报》，可是他不知道这本刊物停刊了，小说也就没有下落了。没想到，50 年后手稿在上海被发现了：上海作家协会翻修一栋美式老楼房时，在四楼的资料室里发现了这部手稿。

1979 年，鲁彦周创作了中篇小说《天云山传奇》，发表在《清明》创刊号上，立即引起了轰动，令中国文坛为之一震。小说通过描写罗群等所谓“右派”20 多年命运的变化，深刻揭示了极“左”思潮的严重危害和产生的社会根源，获第一届全国优秀中篇小说一等奖，被翻译成多种文字，被誉为新时期反思文学的开山之作。

上海电影制片厂请鲁彦周将小说改编成电影剧本。鲁彦周不负众望，进行改编，随后由谢晋担任导演进行拍摄。在北京试片时，鲁彦周到电影院看观众的反应，场内一会儿鸦雀无声，一会儿有人哭泣，一会儿有雷鸣般的掌声，反响极好。正式放映后，电影《天云山传奇》轰动全国，一举获得中国电影金鸡奖、大众电影百花奖。

此后，他又陆续完成小说《彩虹坪》《古塔上的风铃》，电影文学剧本《廖仲恺》《凤凰之歌》等。他所创作的《找红军》获儿童文学奖，《归来》获全国

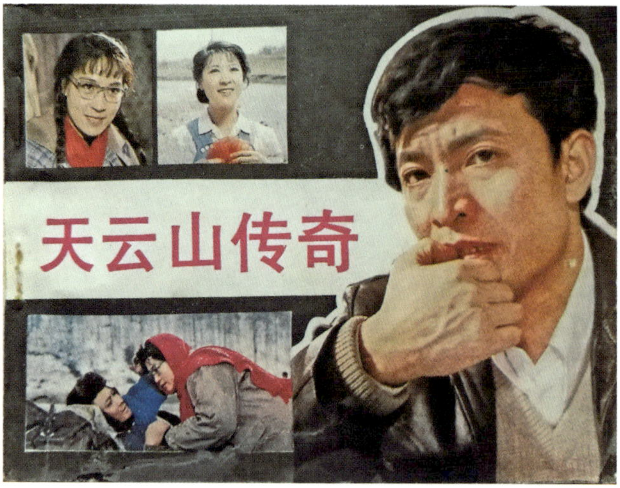

《天云山传奇》剧照版连环画

剧本一等奖。晚年时，笔耕不辍的他仍拖着病体坚持写作，历时4年完成了75万字的长篇小说《梨花似雪》。

在鲁彦周的熏陶下，他的子女们大多与文学结缘。大女儿鲁书妮在《清明》杂志社担任编辑。三女儿鲁书江是博士，专业也跟文学有关，是美国匹兹堡大学英美文学系终身教授。儿子鲁书潮著有长篇小说《岁月如歌》《夫妻冤家》等。儿媳王丽萍为剧作家，担任编剧的电视剧《媳妇的美好时代》深受好评。

鲁彦周德艺双馨，曾任安徽省文联名誉主席。王蒙曾评价说："安徽最知名的山有两座，一个是黄山，一个是天云山——这座只存在于鲁彦周的艺术虚构里的充满苦难和正气的山岭。"

99 严凤英：黄梅戏一代宗师

人物档案：

严凤英（1930—1968），原名严鸿六，安徽桐城（今安庆宜秀区）人。著名黄梅戏表演艺术家，代表作有《天仙配》《女驸马》《小辞店》《游春》《夫妻观灯》等。

1945 年春天，安徽桐城一个叫练潭的小镇，黄梅戏艺人严云高组织的戏班子正在演出，演出最受欢迎的剧目是《二龙山》。

锣鼓声中，丫环从余素贞手中接过帅印，像狮子弄球似的挥舞一番，大喊："喽啰们！"然后放开嗓子，眉目飞舞地唱，"大王的大印拜会在手，大小

严凤英一家

喽啰听从头！莫笑我小小丫环年纪幼，一样能扯大旗放炮挂帅镇山头！”

几句唱词，清脆圆润，扮相又是那么俊美，将一个丫环的活泼可爱演绎得传神逼真，让人百看不厌，这一幕成为每天的必演节目。后来在安庆演出时，大家一商议，干脆把剧目改作《丫环挂帅》。

小姑娘出名了，她唱得好，长得俊，眼睛里有火焰般的热烈，又有小溪般的清澈。方圆十几里争相传说这么一位人见人爱的女子，小伙子们常常跑十几里路来就是为了看看她。

这个小姑娘就是严凤英。1937 年，日本侵略者占领当时的安徽省会安庆。和千千万万难民一样，小凤英随家人从安庆逃回老家罗家岭。罗家岭环山临水，渔舟荡漾。青山孕育了山歌，碧水滋养了渔歌，田地生发了农歌。人们无论是驱牛犁田，还是上山砍柴；无论是下湖捕鱼，还是婚丧嫁娶，都曲不离口。

小凤英在打猪草、放牛中学会了民歌。有一天，她唱着唱着，被黄梅戏艺人严云高听到了，便收她为徒。

严云高是唱黄梅调的高手，花旦、小旦、青衣、老旦，样样拿得起；大花、二花、小丑，个个放得下。可在那个年代，唱黄梅调被人看不起。13 岁的小凤英跟严云高学戏，族里人不答应，她便偷偷跑出去，跟随师傅搭班唱戏。

1946 年，严凤英在安庆演出《小辞店》和《游春》，引起了轰动，声名远播。

后来严凤英到了南京，进入甘家学习昆曲，并且结识了梅兰芳等大家。她的艺术视野为之开阔。

中华人民共和国成立后，安徽要大力发展黄梅戏，严凤英迎来了她艺术上的春天。她成了安徽黄梅戏团的著名演员，到处为群众表演，大家都喜欢看她的演出。

1954 年，华东地区戏曲观摩演出大会在上海举行。汇演第三个晚上，演出的是近三个小时的《天仙配》，观看的都是专家、导演及各省的演员。

《天仙配》深受好评。评奖会上，《天仙配》获得演出一等奖、剧本一等奖，严凤英、王少舫均获表演一等奖，此外还获得了导演奖、音乐奖。

严凤英还为毛泽东、朱德、周恩来表演，深受他们好评。随后，《天仙配》被搬上荧幕，在全国放映后，引起极大反响，创下当时全国最高票房收入纪录。严凤英是家喻户晓，她塑造的七仙女让成千上万的观众喜爱。

严凤英故居

一时间，从南疆到北国，从东海到青藏高原，各地人民都会哼唱“树上的鸟儿成双对，绿水青山带笑颜”，《天仙配》的发行量供不应求。在农村，这个村子放完立即又去那个村子放。随后，《天仙配》参加卡罗维·发利的电影节，黄梅戏有史以来第一次进入国际影坛。

严凤英多次参加政协会、文代会，是全国政协委员、文联委员，中国戏剧家协会理事。借此机会，她认识了许多不同派别、不同剧种的艺术家，虚心向他们学习。

严凤英正式场合总是把许多勋章别在衣服上。丈夫王冠亚告诫她：“忘了前几年有人说你骄傲、虚荣？”

“怕什么？这是人民给的荣誉，我要珍视它，对得起它！”严凤英带着淳朴的感恩意识，珍爱荣誉，不知疲倦地演出。

然而，时代的风雨骤然而至，严凤英受到了批斗。1968 年 4 月 8 日，她不堪屈辱，含恨离开了世界。

100 汪静之、朱湘、田间、海子：现代诗人

人物档案：

汪静之（1902—1996），安徽绩溪人。与潘漠华、应修人、冯雪峰于1922年在杭州成立湖畔诗社，被称为“中国湖畔派诗人”。

朱湘（1904—1933），字子沅，安徽太湖人。在清华大学学习期间开始新诗创作，音调柔婉，风格清丽，出版诗集《草莽》等。

田间（1916—1985），原名童天鉴，安徽无为人。他的诗明快质朴，诗作《假使我们不去打仗》传遍全国，被称为“时代的鼓手”。

海子（1964—1989），原名查海生，安徽怀宁人。15岁时考入北京大学后开始诗歌创作，被誉为“麦地诗人”。

汪静之：中国现代情诗鼻祖

1902年，绩溪县上庄镇一个男孩出生了，他就是日后的著名诗人汪静之。

汪静之早年在屯溪求学，19岁时考取浙江省第一师范学校。他喜爱新诗，与潘漠华发起成立了有柔石、魏金枝、冯雪峰等参加的“晨光文学社”，邀请叶圣陶、朱自清为顾问。

1922年，汪静之与潘漠华、应修人、冯雪峰等组织成立了“湖畔诗社”。这是我国现代文学史上最早的新诗团。他们在西湖之畔抒情放歌，一时间名声大震。

1926年秋，汪静之回到家乡，在芜湖一所中学执教。由于诗名太大，郭沫若介绍他任北伐军总政治部宣传科编纂，随后任《革命军报》编辑，兼武汉国民政府劳工部《劳工月刊》编辑，开启了他以文学为革命的时代。后来汪静之先后在安徽大学、暨南大学、复旦大学任教，1952年后调入北京，从事文学工作，一直担任湖畔诗社社长。

在旧文化与新文化吵得不可开交的背景下，汪静之带着他的作品横空出世，尤

汪静之照片

其是他的诗集《蕙的风》，被认为是中国新文学史上的第一部诗集。那清新脱俗的诗笔、直抒胸臆的欣喜和苦闷，让当时的文艺青年读到了关于自由、爱情的诗歌。诗集于 1922 年经上海亚东图书馆出版后，一度“洛阳纸贵”，短期内加印 4 次，声名仅次于胡适的《尝试集》和郭沫若的《女神》。“我冒犯了人们的指摘 / 一步一回头地瞟我意中人 / 我怎样欣慰而胆寒呵。”这样的抒情在当时太过赤裸，受到了封建卫道士的指责。但鲁迅很赏识他的诗作，曾亲自为他修改作品。

据说，汪静之曾苦苦追求胡适的表妹曹诚英。曹诚英一人跑到杭州求学，汪静之遂报考浙江第一师范，也在杭州城。曹诚英很受感动，为他介绍了长相俊美的符竹因。汪静之为之倾心，展开猛烈追求。

1924 年，湖畔诗社成立两周年之日，汪静之与符竹因在武汉结婚。结婚十周年之际，汪静之深情题词：“平生爱竹已成癖，不可一日无此君。”成就一段文坛佳话。

朱湘：狷介而有才华的诗人

从家谱上看，朱湘是朱熹的第 28 代孙。父亲朱延熙官至二品，母亲则为张之洞弟弟张之清的女儿。因为父亲在湖南做官，朱湘出生在湖南沅陵，取名湘，字子沅。

朱湘 3 岁时，母亲去世了。11 岁，父亲也去世了。大哥将他带到南京。1919 年，朱湘考入清华学校。当时清华向全国招生，名额少，待遇高，学费、食宿费全免，故而朱湘选择清华。朱湘聪明，卓有才华，他开始了新诗创作，与饶孟侃（字

朱湘与刘霓君

子离）、孙大雨（字子潜）和杨世恩（字子惠）四人在新文学运动中脱颖而出，因每个人的字号里都有一个“子”字，所以被时人称为“清华四子”。

1922年，朱湘就开始在《小说月报》等刊物上发表新诗。他的诗注重韵律，用字秀丽清雅，拉近了白话诗与古诗间的距离。

因为从小失去父母，朱湘性格狷介。清华大学早餐免费，但需要点名，朱湘拒绝遵守这个制度，故意多次不到，后来离开了清华。

1924年，朱湘与他父亲当年指腹为婚的刘霓君举办婚礼。一年后，朱湘回到北京，“清华四子”再度聚首。这一年，他的诗集《夏天》问世，得到徐志摩的青睐，朱湘知名度大升。孙大雨向校长曹云祥求情，希望允许朱湘复学。听说朱湘是天才，曹云祥同意了，朱湘却不以为然。

1926年，朱湘参与闻一多、徐志摩创办的《晨报副刊·诗镌》的工作，提倡格律诗运动，努力实践诗歌音乐美的主张。他的第二部诗集《草莽集》形式工整，音调柔婉，风格清丽；《摇篮歌》《采莲曲》节奏清缓、动听；著名长诗《王娇》，融汇了中国古代词曲及民间鼓书、弹词的长处。

1927年，朱湘去往美国留学，就读于劳伦斯大学。有位教授读了一篇把中国人比作猴子的文章，他愤然转学到芝加哥大学。据说，一位女同学不愿与他同桌，他又愤然离开了芝加哥大学。

回国后，朱湘被推荐到安徽大学任英文系主任，月薪300元。不久，校方把英文文学系改为英文学系，他不满，又愤然离开安徽大学。

1933年12月5日，朱湘用口袋中仅有的钱买了从上海去南京的船票和一些酒，还买了一包刘霓君最爱吃的饴糖。船至江心，朱湘跃入清波，结束了短暂的一生。他随身携带的两本书，一本是海涅的诗集，另一本是他自己的诗作。

田间：时代的鼓手

1916 年，一个男孩出生在无为县开城镇羊山村一个童姓家庭，父亲为他取名童天鉴。后来，他成了著名诗人，《假使我们不去打仗》传遍全国。他的笔名叫田间。

田间照片

田间从小成绩优秀。1933 年，他考入上海光华大学外文系。由于文学创作成绩突出，他在当时就很有影响，第二年加入中国左翼作家联盟，参加《文学丛报》《新诗歌》的编辑工作。1935 年，田间担任《每周诗歌》主编，创作并出版处女作《未明集》。

1936 年，田间出版了短诗集《中国牧歌》和长诗《中国农村的故事》，前者描写东北人民的抗日斗争，后者以红军长征为背景，写农民反抗斗争。这两部诗集都被国民党政府列为禁书，他也因此差点被逮捕。

在时代的浪潮中，田间渴望走出国门，开阔视野。1937 年春，他到东京学习日文。回国后，田间忘我地撰写抗战诗歌。比如《给战斗者》，表达了人民反抗侵略的决心，鼓舞了人民的战斗意志，是当时公认的优秀政治抒情诗。

因为创作成果鼓舞了时代，支援了革命，1948 年冬，田间任张家口市委宣传部部长，1950 年，任全国文联研究会主任。抗美援朝期间，他以记者身份进入板门店谈判帐篷内，写成散文集《板门店记事》。

田间的诗歌具有战斗性。农民的饥饿、母亲的哭泣、地主的欺压、帝国主义的屠杀……都出现在他的诗歌中。无论是《未名集》《中国牧歌》，还是《中国农村的故事》都表现了农村苦难。他的长诗《给战斗者》，节奏强劲，语言质朴，跌宕有致，表达了对祖国深厚的感情。

海子：麦地诗人

每年的春天，都会出现全国性的纪念海子活动。无数的年轻人从全国各地而来，有人带来自己的诗歌，操着各种口音在海子的墓前朗诵；有人带来裹着泥土的野花；有人真诚地与海子年迈的母亲相对而泣。

1979 年，15 岁的海子从怀宁高河中学毕业参加高考，以安庆地区文科第一名的成绩被北大法律系录取。这一年，全国有近 468.5 万人参加高考，共录取各类大学生 28.4 万。北大、清华等高校在安徽仅仅录取几个人，从一个条件有限的小镇考上大学，并且是北大，海子被家乡人认为是“神童”。

海子的母亲操采菊对他影响很大，她出生在地主家庭，读过私塾。海子的父亲查振全，曾经是查湾有名的裁缝。海子记忆力惊人，5 岁参加乡里的毛主席语录比赛，获得第一名。他读的中学是高河中学。海子文科、理科都很优秀，在老师的动员下，他选择文科，喜欢上了文学。

海子从 1982 年开始写作，很快与骆一禾、西川一起成为北大“三诗人”。他在极端贫困、单调的生活环境里，凭着丰富的创造力、敏锐的直觉和广博的知识，7 年时间里创作了将近 200 万字的诗歌、小说、戏剧、论文。

海子的诗作，文化背景宏大，语言奇谲而有力度，尤其是他那种椎心泣血的体验和对太阳、河流、草原、大地、历史这些本原意象的痴迷，对珍贵人间生活的眷恋，对爱情的礼赞与凭吊，使读者震撼不已。《活在珍贵的人间》《你的手》《写给脖子上的菩萨》《草原上》《海子小夜曲》《亚洲铜》《麦地》《五月的麦地》《祖国》《黎明》，这些诗让许多诗歌爱好者痴迷。

在北大的海子

海子故居

随着对生命的感悟加深，他的写作状况也逐渐逼近疯狂，一个晚上能写下几百行诗。他试图建立自己的诗歌王国，成为自己的诗王。

1989 年 3 月 26 日，海子在山海关卧轨自杀。他是中国 20 世纪 90 年代新文学史中一位全力冲击文学与生命极限的诗人。他所独创的“麦地”“黑夜”等意象具有符咒般的艺术感染效果，成为海子诗的象征与标志。

怀宁查湾有海子故居、海子墓、海子诗歌广场，供人们纪念这位天才诗人。

图书在版编目(CIP)数据

江淮行·皖人 / 安徽省文化和旅游厅编.—合肥：黄山书社，2019.2
（安徽文化旅游丛书）
ISBN 978-7-5461-8159-2

Ⅰ.①江… Ⅱ.①安… Ⅲ.①名人－生平事迹－安徽－古代 Ⅳ.①K820.854

中国版本图书馆 CIP 数据核字(2019)第 026914 号

江淮行·皖人 安徽省文化和旅游厅 编

出品人 王晓光
项目策划 贾兴权 韩开元
项目统筹 张向奎 刘莉萍
责任编辑 刘莉萍
技术编辑 戚 帅 李 磊
装帧设计 尹 晨
出版发行 时代出版传媒股份有限公司(http://www.press-mart.com)
黄山书社(http://www.hspress.cn)
地址邮编 安徽省合肥市蜀山区翡翠路 1118 号出版传媒广场 7 层 230071
印 刷 安徽新华印刷股份有限公司
版 次 2019 年 5 月第 1 版
印 次 2019 年 5 月第 1 次印刷
开 本 710mm × 1010mm 1/16
字 数 290 千字
印 张 18.5
书 号 ISBN 978-7-5461-8159-2
定 价 92.00 元

服务热线 0551-63533706
销售热线 0551-63533761
官方直营书店(https://hsss.tmall.com)